법인상속 & 기업승계까지

스마트한 사장은 상속을 준비한다

스마트한 사장은 상속을 준비한다

2019년 7월 24일 초판 1쇄 발행
2019년 9월 24일 초판 2쇄 발행
2020년 3월 13일 2판 1쇄 발행

지 은 이 | 김연주(金均注) · 임준찬(林埈鑽)

발 행 인 | 송상근

발 행 처 | 삼일인포마인

등록번호 | 1995.6.26.제3－633호

주 소 | 서울특별시 용산구 한강대로 273 용산빌딩 4층

전 화 | 02)3489－3100

팩 스 | 02)3489－3141

가 격 | 16,000원

ISBN 978－89－5942－846－5 93320

법인상속 & 기업승계까지

스마트한 사장은 상속을 준비한다

김연주 · 임준찬 지음

KMA 한국능률협회 추천도서

· 개정증보판 ·

SAMIL | 삼일인포마인

머리말

주식 액면가액 ₩5,000로 시작하여
수천 배에 달하는 기업으로 만든 지금!
평생을 바쳐 일구어온 기업을 세금납부를 위해 매각할 것인가!!!

이 책에 많은 관심과 사랑을 담아주신 빛선생님, 중소 · 중견기업 CEO분들, 기업경영자를 vip고객으로 모시는 분들, 그 외 많은 독자분들께 깊은 감사드립니다. 기업세무 · 기업승계를 보다 쉽게 이해하고 다가갈 수 있도록 마련된 이 책의 장점과 다양한 독자층의 needs가 맞닿아 풍성한 결실을 맺게 되었습니다. 한결같은 응원과 격려에 머리숙여 감사올립니다. 참 고맙습니다.

우리나라 경제의 핵심인 "9988"로 통하는 중소기업의 사장님들은 평생을 바친 땀과 노력으로 지금의 경제성장을 이끌어 왔습니다.

지금까지 수많은 기업의 사장님들을 만나고 컨설팅을 하면서 경영자들에게 느낀 점은 사장님들은 기업의 성장과 발전 그리고 기술개발에만 몰두하며 증가하는 이익은 당연히 투자를 위해 회사내부에 두어야지, 배당 등을 통해 가져간다는 것은 거의 생각을 해 본적이 없다는 것입니다. 어찌 보면 기업의 대표가 늘 눈앞에 당장 내야하는 세금과 회사발전만을 생각하는 것은 지극히 당연한 일인지 모릅니다. 기업을 영위하는 것은 궁극적으로 이익창출이 목적이며, 이익이 발생하지 않는 기업은 영속할 수 없기에 특히 창업주는 기업의 성장만을 생각할 수밖에 없었습니다.

그러나 지금까지 오직 기업의 성공만을 바라보고 달려왔지만, 기업이 후계자에게 제대로 승계되고 계속기업으로 살아남기 위한 현실은 상속세라는 큰 산을 만나면 그리 쉬운 일만은 아닙니다. 눈앞의 일만 처리하다가 정작 기업승계라는 큰 그림을 놓치는 경우가 발생합니다.

기업이 성장함에 따라 발생되는 이익은 사외유출 없이 꾸준히 누적되고, 시간이 지날수록 눈덩이처럼 쌓여가는 미처분 이익잉여금은 주식가치를 급격히 상승시킵니다. 후계자에게 기업을 승계하게 되는 시점인 상속이 개시될 때, 비로소 상속세의 무거움을 알게 되고 상속세 납부를 위해 평생을 일구어온 기업을 팔아야 하는 현실에 직면하게 됩니다. 결국에는 상속세로 인하여 기업의 주인이 바뀌는 상황까지 발생합니다.

실제로 국내 최대 콘돔 제조사이자 세계 1위 업체였던 '유니더스'와 세계 1위 손톱깎이 업체 '쓰리쎄븐'은 막대한 상속세를 견디지 못하고 경영권을 매각하였습니다. 결국 기업의 누적된 잉여금이 '상속세'라는 세금폭탄으로 돌아오는 것입니다.

막대한 상속세를 조금이라도
줄여나갈 수 있는 방법은 무엇이 있을까요?

기업가치의 절반을 세금으로 내야 하는 현실 속에서 경영자는
어떤 준비를 해야만 장수기업으로 나아갈 수 있을까요?

영속기업으로 가는 방법은 과연 무엇일까요?

성공적인 기업승계를 위한 상속세 재원을 어떻게 마련할 수 있을까요?

그 중대한 고민과 혜안을 이 책 「스마트한 사장은 상속을 준비한다」에서 얘기하고자 합니다.

글을 쓴다는 것은 상당한 체력과 집중력이 필요한 여정으로, 집필 기간 동안 하루 5분 인터넷 빛명상(www.viitcafe.com)과 「행복순환의 법칙」 책을 통해 활기와 생기를 충전하였습니다.

이 책을 접하시는 독자제현께서도 인터넷 빛명상(www.viitcafe.com)과 「행복순환의 법칙」 책을 통해 살아있는 빛viit에너지를 섭취하여 행복하고 건강하며 풍요로운 일상을 만들어 보시길 권해드립니다.

언제나 큰사랑을 듬뿍 주시는 가족에게, 사랑하는 아들에게, 그리고 1997년을 시작으로 한결같이 '건강과 행복 그리고 풍요의 빛viit'을 담아주시고 '이집을 찾는 사람 세금걱정은 아웃, 超光力과 함께!' 휘호를 남겨주신 빛선생님과 다회회장님께 감사의 마음을 올립니다.

특히 '8생의 복을 누려야 만날 수 있다'는 沈香을 가르쳐주시고 더 풍요롭고 멋진 인생을 펼쳐가도록 최고의 이름으로 큰길 열어주신 빛선생님께 존경과 공경 그리고 감사를 드립니다.

"이 모든 것에 감사합니다."

沈香향기 가득한 청담동 사무실에서
2019년 · 2020년 金均注 · 林埈鑽

| Contents |

03 CEO! 살아있는 절세로 회사를 책임경영하라 [Ⅱ]
"박물관 붙박이 상식"으로 기업을 방치하지 말라

04 사전증여! 합법적인 MONEY ROUTE 만들기

증여시작으로 돈의 경로를 다각화하라

05

장수기업의 생존전략! 상속세의 산을 넘자!
상속세의 구조를 파악하고 살아남기를 준비하자

06 50% 상속세를 위해 기업을 매각할 것인가!
지금부터 기업승계를 시작하라

07 양도소득세! 집 파는 것이 불안하다!

양도소득세 폭탄, 그것이 알고 싶다

T A X

Kim Yeon Ju & Lim Jun Chan

01

CEO 50% 상속세에서 살아남기!

사전 TAX CONSULTING 필연성과 당연성

50% 상속세에서 살아남기!

국가경제 중추로서 중소기업!
장수기업의 문턱 50% 상속세를 감당할 수 있는가?

아마도 가업승계 대책이 미리 준비되지 않는다면, 계속기업의 존속은 남의 나라 이야기일 것이다.

우리나라 경제핵심인 중소기업 경영자의 급격한 고령화가 2018년부터 시작되고 있다. 고령사회란, 65세 이상의 인구가 14~19%인 사회를 말한다. 2018년 기준으로 고령인구가 14.3%로서 전체 인구의 14%를 넘어섰다. 중소기업 CEO들도 고령화가 시작되어 2007년 51.5세에서 2018년 60.2세로 평균 연령이 증가하였다. 그러나 기업이 나이를 먹어감에도 실질적인 가업승계에 관심을 두고 준비하는 기업은 의외로 많지 않다.

알면서도 가업승계를 왜 준비하지 못하는 것일까

기업이 처해 있는 현실을 가만히 들여다보면, 가업을 승계해 주어야 할 경영자는 승계가 시작되는 순간 기업의 영향력이 사라진다는 막연한 두려움을 가진다. 또한 후계자도 나름의 고민이 깊어진다. 후계자가 먼저 가업승계를 꺼내는 것은 지금의 경영자를 (대부분 후계자의 아버지인 경우가 많다) 회사 밖으로 밀어내는 느낌이 들어 상당한 부담을 가지게 된다. 이러한 여러 가지 정황으로 인해, 가업승계의 대책이 제대로 이루어지지 못하고 있는 것이 현실이다.

가업의 승계에 대해 전혀 고려하지 않은 상황에서 상상조차 하기 어려운 일이 생긴다면 기업에는 어떤 일이 발생할까? 경영자의 의존도가 높은 중소기업의 경우에는, 경영자의 부재로 인해 회사를 폐업해야 하는 최악의 사태까지 초래할 수 있다. 사전에 체계적인 가업승계 플랜을 미리 준비하여 행여나 회사에 발생할 수 있는 불가항력적인 일을 방어할 수 있는 시스템을 마련하고 가업승계에 따른 파급효과를 최소화하여야 한다.

가업승계를 통한 세대교체를 사전에 준비하지 않는다면 어떤 문제점을 예상할 수 있을까

먼저 가업상속에 따른 50% 이상으로 치솟는 상속세를 감당할 수 있는가이다.

상속세를 낼 돈이 당장 없다면…

가업승계가 진행되고 그에 따른 상속세가 일시에 부과된다면, 즉 기업의 주식이나 사업용 재산 등을 후계자가 상속받고 이에 따른 상속세를 현금으로 지급할 정도의 유동성이 충분하지 않다면, 기업을 이어받은 후계자는 사업을 맡게 되는 순간부터 고난의 길을 걷게 된다. 막대한 세금납부에 대한 재원을 마련하지 못하여 주식을 매각하거나 회사의 주요한 자산을 처분하는 등의 기업 존속자체를 위협하는 일을 통해 유동성을 확보하게 된다.

결국 이러한 과정을 통해 기업의 경쟁력은 급격히 하락하고 기업의 성장가능성은 떨어지게 되는 것이다.

이처럼 주식을 양도하는 경우 경영권 방어가 어려워 실질적인 회사 운영자체가 어려워질 수 있다. 기업승계 과정에서 발생하는 세부담은 경영자의 경영의욕을 저하시키고 계속기업의 영속성을 저해하게 된다.

결국 이 문제는 상속세 납부를 위해 주식을 매각하고도 경영권에 대한 방어가 가능한가 하는 것이다.

궁극적으로 기업을 지켜내기 위해서는 창업주가 살아생전에 후계자에게 사전증여를 통해 주식을 이전하여야 한다. 회사의 지분이 여기저기 흩어져 있는 상태에서 가업승계에 대한 사전준비가 없다면 실질적인 경영권 행사가 결코 쉽지 않다. 결국 경영권 행사에 필요한 지분을 확보하지 못하여 경영권 방어에 실패한다면, 수십 년 동안 쌓아온 회사의 고유한 가치와 이념을 달성하는 것은 상당히 어려운 일이 될 것이다.

생전에 후계자의 선정과 체계적인 교육과 준비가 없다면 무슨 일이 생길까

기업은 다양한 이해관계자들의 이해와 가치가 반영되어 성장해왔다. 여기에는 지금의 회사를 있게 한 창업공신, 임원, 주주, 채권자, 직원 등의 복합적인 관계가 형성되어 있다. 이들은 창업주를 리더로 삼아 일을 해온 바, 새로운 오너 교체에 대해 상당한 의구심을 가지고 있을 가능성이 높다. 이처럼 세대교체를 위한 알림과 준비과정이 없다면 이해관계자들의 갈등이 쉽게 풀어지지 않는다. 현실에서도 S그룹, L그룹 등의 형제간의 갈등으로 인한 가업승계의 경영권 분쟁을 쉽게 찾아볼 수 있다.

기업을 창업하여 성공시키는 것도 중요하지만, 그것 이상으로 가치 있는 것은 잘 성장시킨 기업이 유지 발전되도록 수성(守成)을 하는 것이다. 중소기업은 우리나라 고용시장의 88.4%를 차지하고 전체 사업체의 99.9%에 해당되어 국가경제의 핵심이자 중추이다. 이러한 중소기업의 승계가 원활하게 이루어지지 못한다면 중소기업의 가치하락은 물론 투자위축, 고용저하, 신기술 개발 부진 등으로 국가경쟁력이 상실되고 이로 인해 기업의 성장인자가 파괴된다.

현재의 저성장 경제상황에서 지속가능한 기업, 장수기업을 어떻게 만들고 유지해나가는가 하는 것은 매우 중요한 요소이다. 그러한 영속기업을 준비하는 것, 그것이 바로 가업승계라 할 수 있다. 결국 가업승계는 제2의 창업인 셈이다.

제2의 성공창업을 위한 준비를 지금부터 시작해야 한다.

특히 기업승계의 가장 큰 부담으로 다가오는 상속세 부담을 최대한 줄일 수 있는 방법은 무엇일까? 지속가능한 기업을 유지시키는 절세방안을 모색하고, 이에 따른 가업승계 세무전략에 대해 알아보고자 한다.

Kim Yeon Ju & Lim Jun Chan

02

CEO! 살아있는 절세로 회사를 책임경영하라[I]

"~카더라" 통신으로 기업을 위험에 빠뜨리지 말라

1. 가지급금 방치하면 대표자 주머니 거덜난다!
2. 기업의 잉여금을 합법적으로 분산하라!
3. 사전증여의 중요성 & 합법적인 돈의 흐름 세팅하기
4. 차등배당! 합법적인 Money Route 만들기
5. 기업의 지배구조 재조정 & 중간배당 다이어트
6. 남에게 맡겼던 명의신탁주식 찾아오기
7. 자기주식취득이 뭐예요?
8. 국세청 차명주식 통합분석시스템 vs 국세청 명의신탁주식 환원제도
9. 법인전환, 우리회사 프리미엄 영업권!
10. 창업 후 3년 내 벤처기업인증 & 기업부설연구소 설립
11. 법인의 해외금융계좌 신고의무
12. 사장은 무조건 지배주주, 최대주주인가요?
13. 조세특례제한법상의 중소기업 그리고 중견기업
14. 소액주주인데, 양도소득세를 내야 하나요?
15. 차명계좌의 위험성 & FIU 자금출처분석

CEO

1. 가지급금 방치하면 대표자 주머니 거덜난다!

1 아무런 대책 없이 인출해 가는 법인 자금 '가지급금'

가지급금이 도대체 무엇인가? 회사의 성장만을 생각하고 정작 대표자 본인의 재산이나 자금을 관리하지 못해 결국 회사 자금을 아무런 대책 없이 인출해가는 경우가 종종 발생한다.

법인 소유의 돈을 아무 생각 없이 뽑아가는 이유는, 자금이 필요하면 개인사업자처럼 편하게 가져다 쓸 수 있다고 생각하는 경우가 많기 때문이다. 그러나 이러한 생각은 아주 위험하다. 법인에게 귀속된 현금은 엄연히 법인체의 재산이므로, 법인대표라 해도 함부로 인출해 갈 수 없는 법인고유의 재산이다.

이러한 점을 간과하고 생활비가 필요해서, 자녀 결혼자금을 마련하기 위해, 병원비 등의 이유로 또는 영수증을 받지 못하는 리베이트나 접대비 등에 사용된 명목으로 회삿돈을 가져간 뒤 차일피일 미루다가 결국 제대로 갚지를 못해 법인운영에 상당한 문제를 유발시킨다.

대표자에게 대여해 준 돈 '가지급금' 계정이 생겨나게 되는 것이다.

2 가지급금의 위험성

1) 대표자 인정이자

법인은 대표에게 빌려준 돈에 대해 그 기간 동안 일정한 이자를 수령해야 하고, 만약 대여금에 대한 명징한 계약서가 부재하는 경우에는 세법에서 인정하고 있는 세율(4.6%)을 부과한다. 이러한 이자상당액은 법인의 수입금액에 가산되어 법인세가 증가하고 해당 귀속자에게 상여로 처분된다. 따라서 대표자의 소득세가 높아지는 것은 물론이고, 소득상승에 따른 4대보험인 국민연금과 건강보험료도 함께 부과되어 상당한 불이익을 받게 된다.

2) 차입금 지급이자 불산입

차입금이 과다한 법인의 경우에는 업무무관 가지급금의 비율만큼 차입금의 이자비용을 인정받지 못한다. 법인의 비용으로 인정받지 못한 금액에 대해 법인에게 해당되는 법인세율이 적용되면 그만큼의 법인세가 증가한다. 또한 대표자는 가지급금에서 발생되는 이자를 실제 회사에 입금시키지 못하는 경우에는 계속적인 이자가 누적적으로 발생한다. 결국 상여로 처분되어 돈을 빌려간 대표자에게 소득세가 추가로 부과된다.

3) 기업신용 평가 시 신용도 하락 & 대표자의 배임죄 등

가지급금계정은 기업의 신용도를 평가할 때 (–)요인이 되어 금리를 인상시키고 회사의 운영자금 조달비용을 증가시킨다. 결국 이러한 과도한 금융비용은 회사의 영업이익을 삭감시켜 회사의 원활한 운영을 어렵게 만들고 기업의 성장발전을 저해하는 요인이 된다. 만약 회사가 대표자에게 가지급금을 수령하지 못할 것으로 예상되어 임의로 대손처리를 하는 경우에는 대표자에게 업무상 배임이나 횡령죄로 보는 경우도 있어, 가지급금에 대해 매우 주의하여야 한다.

4) 비상장주식 가치를 상승시키고 기업청산 시 자산으로 인식되는 세금폭탄

자녀에게 기업을 증여나 상속하는 경우, 갚지 못하고 남아있는 가지급금 계정은 법인의 주식가치를 평가할 때 자산에 포함되어 기업의 주식가치를 상승시킨다. 이는 법인에 실제 유입되는 현금은 전혀 없고, 페이퍼상의 자산만 증가시키므로 허수의 재산이 형성되고 이를 근간으로 기업의 주식가치가 산정된다. 실체 없는 자산으로 불필요한 증여세나 거액의 상속세가 발생한다. 또한 기업을 폐업하는 경우에도 남아있는 가지급금은 대표자의 소득으로 간주되어 소득세가 부과된다.

3 가지급금을 한방에 정리할 수 있는 방법은?

가지급금이 발생하게 된 원인을 생각해보자. 회사의 재무구조에는 큰 관심 없이 당장 내어야 할 법인세에만 관심을 두고, 기업의 재무제표 전반에는 신경을 쓰지 않고 방치되고 누적된 경우가 많다. 이처럼 가지급금은 하루아침에 생겨난 것이 아니고, 기업의 영업기간 동안 누적된 결과이다. 기업대표도 처음에는 "이 정도 금액이야, 나중에 회사에 채워 넣으면 되지 뭐." 이렇게 단순하고 쉽게 생각을 하다가, 결국 감당하기 어려운 문젯거리로 끌어안게 된다. 한번에 발생된 금액이 아닌 만큼, 가지급금을 정리하는데도 그에 상당하는 시간이 소요되는 것이 정상이다. 가지급금을 한방에 털어낼 수 있는 것은 그리 쉬운 일이 아니며, 세무적 리스크가 동반됨을 유의해야 한다. 다소 시간이 소요되더라도 합리적인 것은 물론이고, 세무 리스크를 최소화하는 방향으로 진행해 나가야 한다.

1) 재무제표의 분석을 통해 가지급금 발생원인을 확인하여 악성원인을 제거해야 한다

회사 경영 시 아무렇지도 않게 습관적으로 회삿돈을 인출하여 개인적으로 사용하거나 집안의 생활비로 급전을 보내는 경우가 있다. 원재료 할인 등을 위하여 무자료로 거래하고 대금을 송금하는 경우, 증빙확보가 어려운 현금접대와 리베이트 비용 등 회사경영에서 발생하는 증빙없이 인출되는 금액, 즉 가지급금을 발생시키는 근본적인 원인을 해결하는 방안이 가장 중요하다.

2) 추가적인 급여, 상여, 중간배당으로 법인대표의 현금유동성을 확보

평소에 받는 급여나 상여 외에 정관규정 등을 통해 합법적으로 지급될 수 있는 추가적인 보수와 배당을 확보해야한다. 이에 따른 소득세와 4대보험은 불가피하며, 추가적인 세부담이 발생한다.

이때 정관규정 등을 정비하여 정기적인 배당 외에도 중간배당이 가능할 수 있는 시스템이 필요하다. 추가적인 급여, 상여, 중간배당에는 그에 따른 소득세와 4대보험이 발생하나, 정관규정 정비 등을 통한 합법적인 방법을 근간으로 최대한의 현금 유동성을 가져야 한다.

3) 대표자의 주식을 법인의 자기주식 취득으로

대표자가 소유하고 있는 회사주식을 당해 법인이 다시 재취득하는 자기주식 취득을 통해 주식대가로 받게 되는 현금으로 가지급금을 정산하는 방법이 있다.

다만, 자기주식 취득 및 거래와 관련하여 발생하는 일련의 과정에서 주의해야 할 사항들이 많다. 자기주식거래의 명분은 자기주식 매입, 주식매수선택권 부여, 경영권 방어 등으로 두고 있으나 실질의 성격은 소각거래가 많다. 과세당국은 거래의 실질적 성격뿐 아니라 상법상 절차규정을 준수하였는지까지 엄격하게 요구하고 있다. 요건을 충족하지 못한 경우에는 거래 자체가 인정되지 않으므로, 이에 따른 소득세와 법인세의 추징이 발생한다. 자기주식거래 전반에 대한 세밀한 검토와 주의가 필요하다.

4) 배우자에게 주식증여 후 가지급금 정산을 위한 주식소각

주식가치가 유사한 동일한 연도에 비상장법인의 주식을 법인 주주가 아닌 배우자에게 6억 원의 주식을 증여하고, 소각목적으로 주식을 법인에 매도하고 소각되는 경우 소각대가와 취득가액이 유사하여 의제배당에 따른 소득세가 없다.

즉, 비상장법인의 주식을 소각목적으로 해당 법인에 매도하고 소각하는 경우에는 자본거래에 해당되어 양도소득세가 아니라 의제배당에 해당되어 소득세가 과세된다. 이와 같은 경우에는 소각대가와 취득가액이 동일하여 의제배당에 따른 소득세 부담이 없다.

다만, 배우자 증여를 통한 이익 소각은 양도세 부당행위계산 부인 규정, 증여세 포괄주의 등의 각종 조세회피 규정이 적용될 여지는 없는지 면밀히 검토할 필요가 있다.

5) 유상감자

자본을 감소시키는 자본거래를 하면 당초 주식의 취득가액과 감자 당시의 평가된 주식가액의 차액에 대해 대가를 지급하게 되고, 그 차액에 대한 의제배당 소득세를 징수하게 된다.

감자대가로 수령하게 되는 금액과 갚아야 할 가지급금을 상계하여 채무를 정리할 수 있다.

다만, 의제배당에 따른 소득세액이 발생하므로, 가지급금을 정리할 수 있는 다른 대안과 비교하여 검토하여야 한다.

2. 기업의 잉여금을 합법적으로 분산하라!

법인 내부에 쌓여가는 법인의 이익, 법인의 부를 효율적으로 회사의 대표나 주주에게 이전할 수 있는 방법에는 무엇이 있을까?

회사의 대표로서 가져가는 급여와 그에 따른 상여를 생각할 수 있다. 법인의 대표이사이고 주주이지만 근로소득과 종합합산 과세되는 금융소득이 부담스러워 실질적인 실행을 잘 하지 못하고 있는 배당도 중요한 법인이익분여의 방법이다.

1 급여 & 상여 & 보수

급여와 상여는 임직원이 회사에 기여한 근로에 대해 지급되는 대가이다.

법인이 임원에게 지급하는 보수 중 정관, 주주총회, 이사회의 결의에 의해 결정된 급여지급 기준에 따라 지급하는 금액을 초과하는 금액은 이를 손금산입하지 아니한다. 즉 정관, 주주총회, 이사회의 구체적인 규정 없이 지급되는 금액은 비용으로 인정받지 못하며, 임원의 보수는 세법의 규정을 적용받는다.

상법상의 절차를 이행하지 않거나, 구체적인 지급기준 없이 보수를 지급하거나, 과도한 금액을 지급하여 보수의 한도를 초과하는 경우

법인의 비용으로 인정받지 못하는 경우가 발생할 수 있어 상당한 주의를 기울여야 한다.

기업이 성장하면 잉여금이 회사에 누적되는데, 기업의 성장에 따라 임원의 보수도 함께 증가되도록 하여야 한다. 기업의 잉여금은 추후 기업 상속이 발생하여 주식가치를 평가할 때 그대로 반영되고, 기업가치의 절반을 상속세로 내어야 하는 경우가 발생할 수 있다.

따라서 비상장주식의 가치를 주기적으로 평가하고 상속이 일어나는 경우를 가정하여 상속세 예상액을 사전에 반드시 검토해보아야한다.

2 정기배당 & 중간배당

배당은 주주에게 기업의 이익을 지분율만큼 배분하는 것을 말한다.

주주총회를 통해 상법상 배당가능이익의 범위 내에서 배당액을 결정하며, 중간배당은 이사회의 결의를 거쳐 결정한다. 임원의 보수가 세법의 규정을 적용받는 것과 달리 주주의 배당은 상법상 제462조 제1항을 적용받는다.

액면가 5,000원을 시작으로 기업을 성장시킨 창업주들은 회사에서 받는 보수 외에 추가적인 배당을 지급받는 것을 회사이익을 유출시킨다고 생각하는 경우가 대부분이다. 대부분의 창업주는 1주당 5,000원에서 시작된 주식이 1주당 수십만 원, 수백만 원의 가치로 평가된 결과에 만족할 뿐 해당 기업이 상속될 때의 현실을 생각하지 않는다.

결국에는 상속에서 발생하는 50%의 상속세를 전혀 생각하지 못하고, 상속세 세부담을 위해 주식을 매각하여 경영권을 상실하고 종국에는 장수기업으로 가는 길을 잃게 되는 경우가 발생한다.

3 기업의 지분구조 재조정 & 초과배당

보다 건강하고 에너지가 넘칠 때 기업의 지배구조, 즉 주주구성을 재조정할 필요가 있다.

창업주가 대부분의 주식을 보유하는 형태에서 배우자, 자녀 등에게 주식을 증여하여 주주비율로 배분하는 과정을 사전에 준비해야 한다. 배우자나 자녀에게 주식을 이전하면 증여세가 발생하지만, 중간배당, 기업의 성장으로 주식가치가 증가하고 그에 따른 초과배당, 즉 합리적인 배당정책이 이루어진다면 보다 파격적인 절세가 가능하다.

3. 사전증여의 중요성 & 합법적인 돈의 흐름 세팅하기

1 사전증여의 중요성 & 기업매각까지 고려해야 되는 '상속세' 세금폭탄!

기업을 영위하는 것은 궁극적으로 이익창출이 목적이다. 이익이 발생하지 않는 기업은 영속할 수가 없다. 특히 창업주는 기업의 성장만을 생각한다.

기업에서 발생한 이익을 배당하는 것은 상상할 수도 없고 기술투자 등을 위해 기업내부에 무조건 이익을 유보해 두려는 성향을 가질 수밖에 없다. 더불어 비상장기업은 시간이 지날수록 누적된 미처분이익잉여금이 증가하고 주식가치가 상승하게 된다.

결국 상속이 되는 시점에 기업가치의 거의 절반을 상속세로 부담해야 하는 지경에 이르게 된다.

상속인들은 기업 상속에 대한 재원을 전혀 준비하지 못한 상황에서 직면해야 하는 상속세를 감당할 수 없어, 세금납부를 위해 어쩔 수 없이 기업을 매각하게 된다.

실제로 국내 최대 콘돔 제조사이자 세계 1위 업체였던 '유니더스'와 세계 1위 손톱깎이 업체 '쓰리쎄븐'은 막대한 상속세를 견디지 못하고 경영권을 매각하였다.

결국 기업의 누적된 잉여금이 '상속세' 라는 세금폭탄으로 돌아오는 것이다. 막대한 상속세를 조금이라도 줄여나갈 수 있는 방법은 무엇이 있을까?

2 배당을 통해 합법적인 돈의 흐름을 만들자

기업의 주식가치가 더 높아지기 전에, 즉 기업이 더 성장하기 전에 대표자에게 몰려있는 주식을 배우자나 자녀에게 증여를 통해 분산시키고 돈의 주인을 명확하게 신고해 놓는다면, 상속세의 대상이 되는 상속재산은 상대적으로 줄어들게 된다.

사전증여를 통해 돈이 흘러가는 길을 합법적으로 만들어 주고, 그 길목에 쌓인 재산의 가치가 상승한다면 증여의 가치는 증여세 이상일 것이다.

창업주가 살아생전에 자신의 청춘을 바쳐 이룬 기업을 장수기업으로 성장시키고 거액의 상속세로부터 살아남을 수 있게 하는 절세방안 중 하나가 바로 배당을 통한 이익분산이다.

즉, 정상적인 기업활동으로 인해 누적되는 이익잉여금을 중간배당이나 주주 간의 차등배당을 통해 배분시켜 나가는 절세방안을 생각해 보아야 한다.

4. 차등배당! 합법적인 Money Route 만들기

1 차등배당이란?

차등배당이란 보유한 지분율에 따라 균등하게 배당을 받지 아니하고 주주 간 배당률을 달리한 배당을 말한다.

상법상 이익배당은 주주평등원칙에 따라 주식수에 비례하여 배당해야 한다.

회사가 다른 종류의 주식을 발행하는 경우에는 정관규정에 따라 종류주식에 대해 차등배당을 할 수 있으나, 같은 종류의 주식 간에는 주주평등의 원칙이 적용되어야 한다.

주주평등의 원칙은 주식회사의 기본원리이고 강행규정이므로, 정관이나 주주총회 결의에 의해 차등배당의 규정을 정할 수 없다. 그러나 회사의 지배주주는 주주총회를 통해 주식의 보유수와는 관계없이 배당의 전부 또는 일부를 포기하고 다른 특정인에게 높은 배당을 받게 할 수 있다.

이처럼 특정주주가 받을 배당금액을 초과하여 받는 것을 차등배당 또는 초과배당이라 한다.

차등배당은 본인이 지급받을 배당을 포기하거나 불균등 배당 등을 함으로써 배당의 일부를 포기한 지배주주 등이 차등배당 결의에 동의하는 경우 자기이익을 포기하는 것이므로 유효한 배당으로 본다. 이때 차등배당에 대해 주주의 동의서를 받아 구비하여야 한다.

2 차등배당의 절세 포인트

차등배당은 소득세가 과세되는 소득이다. 고액배당을 수령하여 소득세의 최고세율을 적용받는 경우 증여세의 최고세율보다 상대적으로 낮아 절세수단으로 적극 활용되었다.

그러나 2016년 상속세 및 증여세법 제41조의2 '차등배당에 대한 이익증여' 규정을 신설하여 특수관계인의 배당포기에 따라 발생된 차등배당금에 대한 증여세에서 소득세를 차감한 차액을 증여세로 납부하도록 하였다.

즉, 증여세와 소득세를 비교하여 과세하도록 하였다. 따라서 차등배당에 대한 증여세액이 차등배당의 소득세 상당액보다 큰 경우에 '차등배당에 대한 이익증여' 규정을 적용한다.

차등배당의 절세 포인트는 부모보다 낮은 지분율을 가진 자녀가 배당을 받는 것이다.

'차등배당의 증여세액 〈 차등배당의 소득세액'에 대해 증여세를 부과하지 아니한다.

차등배당에 대해 소득세보다 증여세가 적은 경우에는 차등배당을 통한 적극적인 절세전략을 생각해볼 필요가 있다. 다만, 해당 증여일 전 10년 이내에 동일인으로부터 받은 재산가액의 합계액이 1천만 원 이상인 경우 증여재산가액을 합산하여 과세한다. 따라서 10년 이내 증여재산과 합산되므로 과거에 증여한 재산이 있는지, 향후 증여할 계획이 있는지를 반드시 고려하여야 한다.

부모가 배당을 받아 자녀에게 증여하는 경우 소득세와 증여세를 부담(①+②)하는 세액에 비해 차등배당은 소득세(ⓐ)만 부담하게 된다.

다만, 상증법상 규정에 의해 계산된 차등배당금액의 증여세액이 소득세 상당액보다 큰 경우 증여세의 과세대상이 된다.

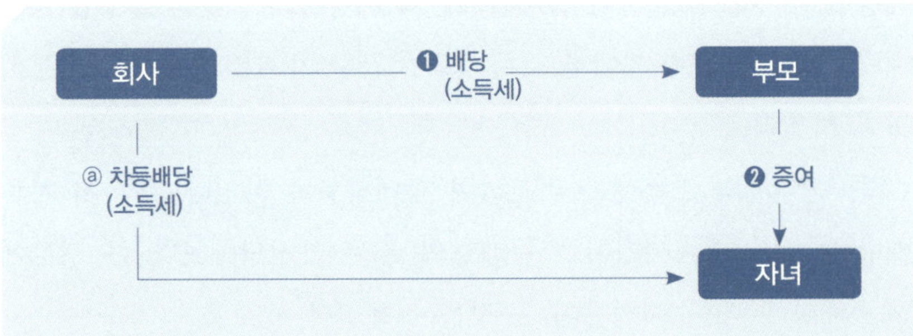

따라서 차등배당을 받을 때 부담한 증여세가 차등배당에 대한 소득세(ⓐ) 상당액보다 적은 경우에는 차등배당에 대한 증여세 규정을 적용하지 아니한다(상속세 및 증여세법 제41조의2 제3항).

3 차등배당의 세무상 요건

1) 차등배당의 증여세 과세 요건

차등배당에 대한 증여세 요건은 다음과 같다(상속세 및 증여세법 제41조의2 제1항, 제2항).

- 특수관계자 간의 차등배당일 것
- 차등배당금액에 대한 증여세액이 차등배당금액에 대한 소득세 상당액 보다 클 것

이때 차등배당액에 대한 증여세액은 동일인(증여자가 직계존속인 경우 그 직계존속의 배우자를 포함)으로부터 받은 증여재산가액을 합친 금액이 1천만 원 이상인 경우 그 재산가액을 가산하여 계산한다.

2) 차등배당금액의 산정

차등배당금액은 다음과 같다(상속세 및 증여세법 제41조의2 제4항).

$$\left(\text{특수관계인이 배당받을 금액} - \text{본인이 보유한 주식에 비례하여 배당받을 경우의 그 배당금액}\right) \times \frac{\text{최대주주 등의 과소배당금액}}{\text{전체 과소배당금액}}$$

3) 차등배당금액에 대한 소득세 상당액은 증여세 산출세액에서 공제하며, 증여 시기는 법인이 배당한 날을 증여일로 한다

4) 아래의 사례는 아버지와 성인 아들의 주식보유 비율이 90%, 10%이며 20억 원을 배당하고 아버지가 받아야 되는 배당금 전액을 아들에게 차등배당한 것으로 가정한 경우의 절세효과이다. 아들은 10년 이내에 아버지로부터 증여받은 재산은 없고, 배당소득만 존재하는 것으로 가정한다

주주구성	주식보유비율	2019년 3월 주식배당액	일반배당	소득세액 상당액 (천 원)	증여세액 상당액 (천 원)	차등배당률	배당포기액	차등배당액	차등배당 증여세액 (천 원)	차등배당 소득세액 (천 원)
父	90%	20억 원	18억 원	720,600	560,000		(18억 원)		560,000	720,600
子	10%		2억 원			100%		18억 원	560,000 〈 720,600	
계	100%			1,280,600		100%	(18억 원)	18억 원	증여세 과세대상아님	

차등배당액에 대해 '증여세액(560,000) 〈 소득세액(720,600)'이므로 증여세 과세대상이 아니다.

∴ 차등배당을 하는 경우 주식보유비율대로 일반 배당한 후 아버지의 배당액을 아들에게 증여하는 경우에 비해 560,000(= 1,280,600 – 720,600)원의 절세효과를 누릴 수 있다.

5) 자녀가 아닌 직계비속인 경우의 할증과세

수증자가 증여자의 손자나 손녀인 경우, 즉 증여자의 자녀가 아닌 직계비속인 경우에는 증여세 산출세액의 30%(증여 재산가액이 20억 원을 초과하는 경우에는 40%)를 할증 과세한다.

6) 10년 이내에 재차 증여시 합산과세 여부

차등배당액에 대한 증여재산가액은 합산배제 증여재산에 해당되지 아니하므로 해당 증여일 전 10년 이내에 동일인으로부터 받은 재산가액의 합계액이 1천만 원 이상인 경우 합산하여 과세한다.

다만, 차등배당액에 대한 증여세액이 차등배당금액에 대한 소득세 상당액보다 적은 경우에는 증여세가 과세되지 아니하므로, 이 경우에는 합산하지 아니한다(상속세 및 증여세법 제41조의2 제3항).

7) 차등배당 증여세액 계산 시 사전증여재산 합산 여부

차등배당금액에 대한 증여일 전 10년 이내에 동일인(증여자가 직계존속인 경우 그 직계존속의 배우자 포함)으로부터 받은 증여재산가액이 1천만 원 이상인 경우 사전증여재산에 합산하여야 한다.

- **서면-2017-상속증여-2493, 2017. 9. 26.**

상속세 및 증여세법 제41조의2 제3항에 규정된 초과배당금액에 대한 증여세액은 초과배당금액을 증여재산가액으로 한 계산된 증여세액을 말하는 것임.

- **서면-2016-법령해석재산-6076, 2017. 6. 30.**

초과배당금액에 대한 소득세 상당액과 비교하는 초과배당금액에 대한 증여세액은 해당 증여일 전 10년 이내에 동일인으로부터 증여받은 재산을 합하여 계산하며, 초과배당에 따른 이익 증여 후 다른 증여가 발생한 경우 합산하는 증여재산가액은 초과배당금액 전액이며, 공제하는 납부세액은 직전 증여의 산출세액 상당액임.

초과배당 증여이익에 대해서도 증여이익 계산 시 증여일로부터 소급하여 1년 이내에 동일한 거래이익이 있는 경우 합산하여 계산한다.

8) 차등배당 상당액은 배당금 지급 월이 속하는 다음 달 10일까지 원천징수이행상황 신고를 해야 한다. 그리고 차등배당 결의액 총액의 10%에 상당하는 금액을 이익준비금으로 적립하여야 한다

(차) 미처분이익잉여금 x x x　　(대) 이익준비금 x x x

4 차등배당액의 증여세액과 소득세 상당액의 비교분석

차등배당을 하더라도 차등배당액의 증여세액이 차등배당액의 소득세 상당액보다 적은 경우에는 증여규정을 적용하지 아니한다.

1주를 보유한 성인 자녀가 부모로부터 이익을 증여받고 10년 이내에 사전 증여받은 재산이 없다는 가정 하에 분석된 차등배당액이다.

[차등배당액의 소득세율]

차등배당금액	세 율
5,220만 원 이하	차등배당금액×14%
5,220만 원 초과 ~8,800만 원 이하	731만 원+(5,220만 원 초과하는 차등배당금액×24%)
8,800만 원 초과 ~1억 5,000만 원 이하	1,590만 원+(8,800만 원 초과하는 차등배당금액×35%)
1억 5,000만 원 초과 ~3억 원 이하	3,760만 원+(1억 5,000만 원 초과하는 차등배당금액×38%)
3억 원 초과~5억 원 이하	9,460만 원+(3억 원 초과하는 차등배당금액×40%)
5억 원 초과	1억 7,460만 원+(5억 원 초과하는 차등배당금액×42%)

[차등배당액의 증여세율]

과세표준	세 율	누진공제
1억 원 이하	10%	–
1억 원 초과~5억 원 이하	20%	1,000만 원
5억 원 초과~10억 원 이하	30%	6,000만 원
10억 원 초과~30억 원 이하	40%	1억 6,000만 원
30억 원 초과	50%	4억 6,000만 원

위의 가정 하에 차등배당에 대한 소득세와 증여세를 분석한 결과 약 56억 원의 차등배당을 실행하는 경우에는 추가적인 증여세를 과세하지 아니한다. 따라서 위의 가정 하에서는 56억 원 이하의 차등배당이 이루어지는 경우에는 추가적인 증여세 부담 없이 소득세로서 종결됨을 알 수 있다.

분 석	소득세	증여세	차등배당액
소득세액 〉 증여세액	174,600,000	75,000,000	500,000,000
소득세액 〉 증여세액	384,600,000	220,000,000	1,000,000,000
소득세액 〉 증여세액	1,644,600,000	1,515,000,000	4,000,000,000
소득세액 〈 증여세액	2,325,000,000	2,350,000,000	5,620,000,000

5. 기업의 지배구조 재조정 & 중간배당 다이어트

1 증여세까지 부담하며 지분을 조정할 필요가 있을까

기업이 성장함에 따라 회사의 잉여금도 사내에 누적된다. 누적된 자본으로 기업의 성장과 발전을 도모하고 육성하는 것은 너무나도 중요하다. 어찌보면 기업의 대표가 늘 눈앞에 당장 내야 하는 세금과 회사발전만을 생각하는 것은 지극히 당연한 일인지 모른다. 하지만 눈앞의 일만 처리하다가 정작 기업승계라는 큰 그림을 놓치는 경우가 발생한다.

즉, 회사의 성장과 함께 가장 마지막으로 납부해야 하는 세금, 상속세를 미처 예견하지 못하다가 종국에는 기업가치의 절반을 세금으로 내야 하는 경우가 발생한다. 여기서 가장 문제가 되는 것은 거액의 상속세를 납부할 재원이 부족하여 기업의 주식을 불가피하게 매각할 수 있다는 것이다. 결국에는 상속세로 인하여 기업의 주인이 바뀌는 상황까지 발생한다.

기업의 주식가치가 더 높아지기 전에, 즉 기업이 더 성장하기 전에 대표자에게 몰려있는 주식을 배우자나 자녀에게 증여를 통해 분산시키고 돈의 주인을 명확하게 신고해 놓는다면, 상속세의 대상이 되는 상속재산은 상대적으로 줄어들게 된다.

사전증여를 통해 돈이 흘러가는 길을 합법적으로 만들어 주고, 그 길목에 쌓인 재산의 가치가 상승한다면 증여의 가치는 증여세 이상일 것이다.

2 기업의 잉여를 중간배당으로 다이어트 하라

정기적인 배당 이외에 정관에 규정을 두고 기업의 잉여금을 추가적으로 지급받을 수 있는 것을 중간배당이라 한다.

주기적인 중간배당을 통해 기업 내부에 누적되어 있는 잉여금을 합법적으로 인출하여 기업의 몸집을 가볍게 한다면, 상속으로 인해 기업가치의 절반을 상속세로 납부해야 하는 현실에서 조금은 숨을 쉴 수 있다. 기업의 영속성을 지키는 것은 종국에는 거액의 상속세를 부담할 수 있느냐이다.

기업의 결산이 마무리되는 시점에 현재의 주식가치는 어떻게 되는지를 점검하고 기업 내부의 잉여금이 과중한 것은 아닌지, 소득세의 부담이 있더라도 추가적인 배당의 지급이 필요한 지를 검토해 볼 필요가 있다.

3 중간배당의 조건: 이사회 결의

상법상 중간배당은 연 1회의 결산기를 정한 회사만 가능하며, 정관에 중간배당에 대한 규정이 필요하다. 배당결의는 이사회 결의로 한다. 중간배당은 금전배당과 현물배당은 인정되고, 주식배당은 허용되지 아니한다.

중간배당은 절차상 주주총회에 비해 용이한 이사회 결의로 가능하므로 정관에 규정을 둘 필요가 있다. 영업연도 중 1회에 한해 이사회의 결의(이사가 3인 미만인 경우에는 주주총회의 결의)로 일정한 날을 정하여 그날의 주주에 대해 이익을 배당할 수 있다.

중간배당은 이사회 결의가 원칙이나, 특정주주의 초과배당 의사가 있는 경우에는 주주총회의 결의로 이를 정한다. 이 경우 초과배당이 이루어지는 경우에는 해당 주주는 회사에 대해 '배당포기 및 초과배당 신청서'를 주주총회일에 제출해야 한다.

다만, 세무상 상법규정을 위반한 사업연도 기간 중 가결산에 의해 중간배당을 통해 주주에게 금전을 지급하는 경우 가지급금으로 보고 세부담을 부당하게 감소시킨 것으로 볼 수 있음에 유의하여야 한다.

6. 남에게 맡겼던 명의신탁주식 찾아오기

1 명의신탁주식이 왜 발생하는가?

과거에 법인설립을 위하여 최소 7인 이상이거나 3인 이상의 발기인의 수가 필요한 시기가 있었고, 상법상의 발기인 요건을 충족하기 위하여 형식상의 주주에게 주식을 배분하고 명의만 회사의 주주인 경우가 많았다.

그리고 과점주주에게 부과되는 간주취득세나 배당소득에 대한 종합소득 합산과세를 회피하기 위하여, 더불어 법인의 제2차 납세의무자인 과점주주에서 벗어나기 위하여 주식을 임직원이나 부모 · 형제 등 형식상의 주주에게 배분하는 과정에서 명의신탁주식이 많이 발생하였다.

2 명의신탁주식은 명의자에게 증여한 것으로 본다

실질과세원칙에 불구하고 권리의 이전이나 그 행사에 등기가 필요한 재산의 실제 소유자와 명의자가 다른 경우에는 그 명의자로 등기를 한 날에 그 재산을 실제 소유자가 명의자에게 증여한 것으로 본다. 이는 명의신탁을 이용한 조세회피를 막기 위하여 실질과세원칙에 불구하고 명의신탁재산에 대해 증여로 의제하여 과세하는 것이다.

즉, 자기 이름을 다른 사람에게 빌려주고 다른 사람이 자기 이름으로 주식을 취득하는 경우 실제 소유자가 명의자에게 증여한 것으로 보아 증여세를 과세한다.

실질 소유자가 명의자의 승낙을 받지 않고 일방적으로 명의신탁을 한 경우는 명의도용에 해당되므로, 당사자 간의 합의 없이 명의를 도용한 경우에는 증여세를 부과할 수 없다. 다만, 합의가 없었다는 점은 납세자가 적극적으로 입증해야 한다.

상증법 제45조 제2항에서 타인의 명의로 재산을 등기하고 실제 소유자 명의로 명의개서를 하지 아니한 경우 그리고 유예기간에 주식 등의 명의를 실제 소유자 명의로 전환하지 아니한 경우에는 과세당국은 조세회피 목적이 있는 것으로 추정한다.

따라서 조세회피목적이 있었는지 여부는 명의신탁 당시를 기준으로 판단하며, 조세회피의 목적이 없었다는 점은 명의신탁자와 수탁자가 입증해야 한다.

3 증여재산가액의 평가

명의신탁재산의 증여재산가액은 증여의제일 현재 시가 또는 보충적 평가액으로 평가한다.

명의개서를 해야 하는 재산인 경우에는 소유권취득일, 즉 명의신탁한 그 시점을 기준으로 평가한 가액이다.

명의신탁재산이 주식으로서 명의자가 최대주주인 경우에도 주식할증평가를 하지 아니한다.

명의신탁을 한 후 3개월 이내(증여세 신고납부 기한)에 그 재산이 반환되면 과세에서 제외되나, 그 재산을 현금으로 환가하여 실제 소유자에게 현금으로 반환하는 경우에는 증여세 과세대상이 된다.

4 증여세 납세의무자

2018년까지는 명의신탁재산의 증여의제의 경우 증여세 납세의무자는 명의수탁자이고, 명의신탁자는 명의수탁자와 연대하여 납세의무를 부담하였다. 그러나 2019년 1월 1일 이후 증여로 의제되는 부분부터 명의신탁재산의 증여의제에 해당되는 경우, 명의자가 아닌 주식을 위탁한 실제 소유자가 해당 재산에 대해 증여세를 납부할 의무가 있고 실제 소유자에 대한 명의신탁재산에 대한 물적 납세의무가 부과된다. 수증자는 증여자의 연대납세의무에서 제외된다.

5 증여시기

명의신탁재산은 명의자로 명의개서된 날을 증여의제시기로 본다. 명의개서한 날은 상법상 취득자의 주소와 성명을 주주명부에 기재한 때이다.

주주명부가 작성되지 아니한 경우에는 납세지 관할 세무서장에게 제출한 주주 등에 대한 서류 및 주식 등 변동상황 명세서에 의해 명의개서 여부를 판정한다.

주주명부가 없는 경우에는 다음의 순서에 따른 날을 명의신탁증여의제일로 본다.

① 양도소득세, 증여세 등 과세표준신고서에 기재된 소유권 이전일

② 주식 등 변동상황명세서에 기재된 기재일

6 증여합산배제 및 증여재산 공제 배제

명의신탁주식에 대한 증여의제 국세부과제척기간은 15년이다. 해당 증여일 전 10년 이내에 동일인(증여자가 직계존속인 경우 그 직계존속의 배우자 포함)으로부터 받은 증여재산가액을 합친 금액이 1천만 원 이상인 경우 그 가액을 증여세 과세가액에 가산하나, 명의신탁재산의 증여의제는 합산하지 아니한다.

명의신탁재산의 증여세 납세의무자가 명의자에서 실제 소유자로 변경되어 명의신탁재산은 수증자의 증여세 합산 과세하는 재산에서 제외한다. 합산에서 제외되는 재산에 대한 증여세 과세표준을 계산하는 경우 3천만 원을 공제하는 규정은 적용하지 아니한다.

7 명의신탁 해지

명의신탁 해지는 타인명의로 신탁되어 있던 주식을 실질 소유자에게 환원하는 절차이며, 당사자 간 해지의 의사표시로 해지된다. 가장 중요한 점은 주식을 신탁한 사실관계를 객관적으로 입증할 수 있는지 여부이다.

명의신탁재산인 주식을 신탁해지하여 환원하는 경우, 그 재산의 실질적 소유자인 위탁자 명의로 환원하는 것은 본래의 자기의 재산을 찾아오는 것이므로 명의신탁 해지시점의 증여세 문제는 없다.

이에 해당되는지 여부는 객관적인 증빙자료에 의해 사실을 확인하여 판단할 사항이다.

8 명의신탁주식의 환원방법

명의신탁주식과 관련된 자본거래는 상당한 주의를 기울여야 한다. 즉, 명의신탁한 사실을 객관적으로 입증하지 못하면 양도소득세 회피를 위한 수단으로 보거나 해지시점의 주식가액을 새로운 증여로 볼 수 있다는 점이다.

명의신탁한 주식을 명의신탁계약을 해지하고 실질 소유인 명의신탁자 명의로 환원하는 경우, 최초 명의신탁한 시점의 증여세가 과세된다.

평가금액은 당초 명의신탁 시점을 기준으로 과세된다. 명의신탁주식을 환원하고자 하는 경우에는 금융자료, 배당내역 등 주식을 명의신탁한 사실을 객관적으로 입증할 수 있는 증거자료가 있는지 여부를 확인하여야 한다.

9 실질적인 명의수탁관계를 설명할 수 있는 증빙자료의 중요성

명의수탁한 주식에 대한 증자대금을 명의신탁자가 납입한 사실관계를 객관적으로 설명할 수 있는 금융자료를 마련해야 한다. 법인이 배당을 한 경우 실제 소유자인 명의신탁자가 그 배당금을 회수한 사실에 대해서도 객관적으로 설명할 수 있는 자료를 준비하여야 한다.

그리고 당사자 간에 명의신탁해지약정서를 작성하는 경우, 실질적인 신탁관계를 설명하는 자료가 필요하다. 만약 명의신탁재산에 대한 분쟁이 있는 경우 명의신탁해지 소송을 통해 승소 판결문을 받게 되면 명의신탁 사실을 입증할 수 있다.

이후 명의수탁자가 사망하고 명의수탁자의 상속재산으로 상속인이 신고하는 경우 명의신탁해지 판결문은 명의수탁사실을 증명할 수 있는 수단이 되어 주식의 실질적인 귀속을 밝히는데 큰 효력을 발휘한다.

7. 자기주식취득이 뭐예요?

1 자기주식이란?

자기주식이란, 주주가 소유하고 있는 회사주식을 당해 법인이 주식 소각을 하거나 M&A 등의 목적으로 다시 재취득하는 해당 법인의 주식을 말한다. 자기주식취득은 다양한 목적으로 이루어지는데, 소액으로 시작되어 눈덩이처럼 불어나 있는 대표자의 가지급금 정산을 위해 활용되기도 하고, 경영권 방어 등을 위해 자기주식거래가 발생하기도 한다. 이처럼 자기주식취득과 거래가 다양하게 이루어지는 만큼 자기주식거래 전반에 대해 주의해야 하는 사항 등이 있다.

2 자기주식거래 시 반드시 주의해야 할 사항

1) 자기주식을 취득할 때는 반드시 정확한 목적과 명분을 정해야 한다

특히 국세청은 세무조사를 통해 회사의 자본거래가 세법상, 상법상 요건을 적법하게 충족하였는지 여부를 면밀히 검토한다.

상법상 등의 요건을 충족하였을지라도, 자기주식거래의 목적이 법인대표에게 현금을 지급하기 위한 하나의 요식행위인 경우에는 가지급금으로 판단한다. 가지급금에 대한 인정이자에 대한 법인세 증가와 대표자의 상여처분으로 소득세가 부과된다. 또한 4대보험까지 급등하여 혹을 떼려다가 더 큰 혹을 붙이는 경우도 발생한다.

대표이사를 제외한 나머지 모든 주주가 주식양도를 청구하지 아니하고 결국에는 대표이사만 관련 주식을 양도하고 특정한 주주만 해당 주식을 취득하는 경우, 주주평등의 원칙인 균등조건으로 취득한 것으로 보지 아니하고 해당 주식의 취득대금을 업무무관 가지급금으로 보는 사례도 있다. 가지급금 인정이자에 대한 인정상여는 실제 소득이 대표자에게 지급되었는지를 불문하고 소득금액변동통지를 받은 날에 소득을 지급한 것으로 보아 종합소득세가 부과된다. 실제 양도가 아닌 의제배당으로 판단되는 경우, 종합소득세의 폭탄을 맞게 되는 경우도 있다.

따라서 자기주식 취득대금이 가지급금인지 여부는, 실질적인 자본거래인지 아니면 주주에게 우회적으로 자금을 지원할 목적인 거래인지에 따라 판단된다.

기업이 처한 경제환경에 따라 자기주식 매매를 할 것인지, 소각을 할 것인지를 결정하고 세법상 · 상법상 요건을 충족시키는지 여부를 반드시 검토해야 한다.

자기주식거래는 상장사의 경우 IMF 경제위기때 적대적인 M&A에서 지분율 방어를 위해 자기주식매입이 허용되었고, 중소기업은 2012년 4월 15일부터 시행된 개정 「상법」 제341조에 따라 자기주식을 취득할 수 있게 되었다.

자기주식거래의 목적이 소각인 경우는 소각한 주식수가 감소함으로써 상대적으로 투자한 주주들의 미래 배당가능성이 증가하고 투자한 자본환원율이 높아진다. 개인주주가 소각목적으로 자기주식을 넘기는 경우 의제배당으로 과세되고, 해당 법인은 자본거래로 인한 자기주식소각손익에 대해 손익의 영향이 없다.

처분이 목적인 경우 개인주주는 중소기업의 경우 2019년까지 주식양도차익에 대해 20%의 단일세율을 적용받는 양도소득세가 과세되고 0.5%의 증권거래세를 부담한다. 해당 법인은 자기주식처분손익을 법인의 익금과 손금에 반영한다. 자기주식처분손실이 생기는 경우 손금에 반영되어 법인세 절세가 가능하다. 다만, 주식가액의 평가가 합리적이지 못한 경우에는 주주와의 거래에서 발생되는 금액에 대해 부당행위계산부인규정이 적용될 수 있어 주식가액 산정시 상당한 주의를 기울여야 한다.

2) 주식거래가 이루어지는 주주와 법인은 특수관계자이므로 객관적인 주식가격 평가가 이루어져야 한다

자기주식거래는 결국 특수관계자, 주주와 해당 법인 간에 생성되는 거래이므로, 주식거래가액을 합리적이고 객관적으로 산정해야 한다. 의도적으로 이익분여를 위해 주식거래가액을 높이거나 낮추는 경우는 국세청의 자본거래에 대한 세무조사 등으로 거래가액을 인정받지 못하고 부당행위부인규정을 적용받게 된다.

즉, 해당 법인이 자기주식을 고가로 매입하는 경우 시가로 취득한 것으로 보아 시가와의 초과액을 익금산입하고 주주에게 배당한 것으로 소득처분 된다. 주주는 인정배당에 상응하는 소득세를 납부해야 한다.

이와는 반대로 자기주식을 저가로 법인이 매입하는 경우는 저가와 시가차액을 익금산입하고 차액만큼 자기주식의 취득원가에 가산되어 유보 처분한다. 주주는 양도소득세 부당행위계산부인이 적용되어 양도가액을 시가로 평가하여 양도소득세를 납부해야 한다.

3) 자기주식거래는 상법상, 세법상 법률규정을 면밀히 검토하여 합법적인 절차로 진행되어야 한다

상법상의 자기주식취득과 관련된 일련의 과정은 다음과 같다.

국세청은 상법상의 절차에 하자가 있는 경우에는 흠결이 있는 자본거래로 보아 자기주식거래를 인정하지 않는 경우도 발생하므로 반드시 주의해야 하는 절차이다.

3 자기주식취득 절차

1) 주주총회 결의

주주총회의 보통결의(출석한 주주의 의결권의 과반수와 발행주식 총수의 1/4 이상의 수로서 결의하는 것)로 취득할 수 있는 주식의 종류 및 수, 취득가액의 총액의 한도, 1년을 초과하지 아니하는 범위에서 자기주식을 취득할 수 있는 기간을 결정한다.

2) 이사회 결의

이사회 결의를 할 때 자기주식의 균등한 취득 조건을 결의한다.

- 자기주식 취득의 목적
- 취득할 자기주식의 종류와 수
- 주식 1주를 취득하는 대가로 교부할 금전 및 대가로 지급할 가액 산정 & 산정방법
- 20일 이상 60일 이내의 범위에서 주식양도를 신청할 수 있는 기간
- 양도신청기간이 끝나는 날부터 1개월의 범위에서 양도의 대가로 금전 등을 교부하는 시기와 취득조건을 산정한다.

3) 주주에 대한 통지의무

회사는 양도신청기간이 시작하는 날의 2주 전까지 각 주주에게 회사의 재무현황과 자기주식 보유현황 및 이사회 결의 사항을 서면으로 또는 각 주주의 동의를 받아 전자문서로 통지한다.

다만, 회사가 무기명주식의 주권을 발행하는 경우에는 양도신청기간이 시작하는 날의 3주 전에 공고한다.

4) 주주의 서면 주식양도 신청

양도하려는 주주는 양도신청기간이 끝나는 날까지 양도하려는 주식의 종류와 수를 적은 서면으로 주식양도를 신청해야 한다.

5) 주주가 회사에 대해 주식양도를 신청한 경우

회사와 양도하는 주주 사이의 주식양도는 양도신청기간이 끝나는

날을 양도계약이 성립한 것으로 본다.

6) 양도취득계약의 체결 및 주식대금의 지급

회사는 양도신청 주주와 주식취득 계약을 체결하고, 양도신청기간 종료 후 1개월 내에 매매대금을 지급한다.

7) 자기주식취득 서류의 비치

자기주식을 취득한 회사는 지체 없이 취득내용을 기재한 자기주식 취득 내역서를 본점에 6개월간 비치하여, 언제든지 열람이 가능하고 등본이나 사본의 교부 청구가 가능하도록 한다.

4 자기주식취득 후의 사후관리

자기주식거래가 매매목적인지 소각목적인지에 따라 소득세의 과세 체계가 달라지기 때문에, 자기주식취득은 적극적인 조세회피수단으로 활용될 여지가 많다. 즉 매매목적인 경우는 양도로 보아 양도소득세가 과세되고, 소각목적인 경우는 의제배당으로 간주되어 배당소득으로 과세된다. 따라서 당초 취득한 목적에 맞는 사후적인 경제행위가 발생되고 관리되어야만 세무조사에 대해 적극적으로 대처할 수 있다.

자기주식취득은 반드시 취득 당시의 목적에 해당하는 사후적인 경제행위를 통해 당초 자기주식취득에 대한 합법성을 가져야 한다. 국세청은 해당 자기주식거래의 실질적인 속성을 가장 중요하게 여기기 때문이다. 즉, 실질과세의 원칙상 당해 계약서의 내용이나 형식과 함께 당사자의 의사와 계약체결의 경위, 대금의 결정방법, 거래의 경과 등 자기주식거래 전반에 대해 실질적 성격을 파악하여 판단한다.

주체하기 어려운 가지급금 정리를 위한 방안으로 자기주식거래를 활용하는 경우가 있다. 이때 대표자는 해당 법인으로부터 자기주식거래를 통해 상당한 유동성을 확보하여 누적된 가지급금을 정리할 수 있다. 이를 위해서는 자기주식거래에서 발생하는 복잡하고 까다로운 세법상 · 상법상의 절차와 실질적인 거래를 바탕으로 합리적인 행위를 하여야 한다. 특히 자기주식거래의 목적성을 적극적으로 입증해야 한다.

눈덩이처럼 불어난 가지급금을 해결하기 위해서는 앞에서 언급한 철저한 과정을 통해 자기주식거래 계획을 마련해야 할 것이다.

8. 국세청 차명주식 통합분석시스템 vs 국세청 명의신탁주식 환원제도

1 차명주식의 탈법적 조세행위 차단

차명주식을 통해 편법 증여나 고액탈세, 주가조작, 조세회피 등의 경제질서를 교란하는 행위에 대해 적극적인 대처와 엄정한 관리를 하기 위해 2016년 하반기부터 NTIS 정보분석시스템을 기반으로 '차명주식 통합분석시스템'을 구축하여 명의신탁을 이용한 탈세행위를 차단하기 위해 집중하고 있다.

반면 회사경영을 위하여 부득이한 상황에서 주식을 명의신탁한 중소기업 경영자들에게는 보다 원활한 가업승계를 진행할 수 있도록 '명의신탁주식 실제 소유자 확인제도'를 확대하여 간편 실명전환을 적극 지원하고 있다.

2 차명주식 통합분석시스템

새로운 국세행정시스템(NTIS)의 정보분석기능을 바탕으로 여러 유형의 명의신탁을 찾아내고 체계적으로 검증하는 '차명주식 통합분석시스템'을 구축하였다.

장기간에 걸친 주식 보유현황, 취득 · 양도 등의 주식변동내역, 각종 과세자료, 금융정보분석원(FIU) 등 외부기관 자료까지 연계하여 취득, 보유, 양도의 모든 과정을 통합 분석함으로써 명의신탁 혐의가 높은 자료만을 선별하고 이에 대한 정밀 검증을 진행한다.

국세청은 주식명의신탁을 이용한 각종 탈세행위를 적발하고 세부담 없는 부의 대물림을 방지하기 위해 보다 엄정하게 추적하고 관리한다.

3 국세청의 명의신탁주식 환원 간소화제도

국세청은 차명주식을 통해 탈세, 조세회피행위에 대해서는 '차명주식 통합분석시스템'을 통하여 엄격하게 관리하는 반면, 기업운영에 따른 불가피한 명의신탁주식에 대해서는 실제 소유자에게 환원하는 절차를 간소화하였다.

명의신탁주식의 환원에 따른 납세자의 과도한 불편과 세무행정상의 불확실성을 해소하고 중소기업 가업승계 등의 걸림돌을 제거하기 위하여 명의신탁 환원 제도를 마련하였다. 중소기업의 안정적인 경영기반 마련과 지속적인 성장을 도모하기 위함이다.

1) 신청요건

명의신탁주식 환원간소화 제도는 다음의 요건을 모두 충족한 경우 신청할 수 있다.

- 주식발행법인이 2001년 7월 23일 이전에 설립된 법인으로, 조세특례제한법 시행령 제2조에서 정하는 중소기업

- 실제 소유자와 명의수탁자(실명전환 전 주주명부 등에 주주로 등재되어 있던 자로서 국내에 주소를 두고 있는 거주자)가 법인설립 당시 발기인으로, 설립 당시에 명의신탁한 주식을 실제 소유자에게 환원하는 경우
- 명의신탁주식에는 법인설립 이후 균등증자를 원인으로 하는 명의수탁자가 새로 취득한 주식을 포함

2) 실제 소유자 확인신청

실제 소유자 확인신청은 실제 소유자의 주소지 관할 세무서장에게 신청하며, 다음의 서류를 제출해야 한다.

- 명의신탁주식 실제 소유자 확인신청서
- 중소기업 등 기준 검토표
- 주식발행법인이 당초 명의자와 실제 소유자 인적사항, 실명전환일, 실명전환 주식수 등을 확인하여 발행한 주식 명의개서 확인서
- 주식 등을 명의신탁한 사유, 경위 등에 관한 실제 소유자와 명의수탁자의 확인서 및 명의수탁자의 신분증 사본

3) 실제 소유자 확인절차

신청서를 제출한 경우 세무서장은 신청서의 기재내용과 제출된 서류 등을 근거로 사실관계를 확인하여 현장 확인 등의 절차를 거치지 않고 실제 소유자 여부를 판정하여 처리할 수 있다.

4) 실명전환자문위원회

명의신탁주식 환원 간소화제도에 따라 신청서를 제출한 경우로서 다음에 해당하는 경우 명의신탁주식 실제 소유자 확인신청에 대한 객관적이고 공정한 처리를 위해 명의신탁주식 실명전환자문위원회의 자문을 받아 실제 소유자 인정여부를 결정한다.

- 실명전환주식가액이 20억 원 이상
- 신청서 및 제출 서류만으로 실제 소유자 여부가 불분명한 경우

9. 법인전환, 우리회사 프리미엄 영업권!

개인사업자로 시작하여 매출액이 증대하고 조직이 성장하면서 누진세율의 과중한 종합소득세의 부담은 과세표준이 5억 원을 초과하면 42%까지 올라간다. 이에 반해 법인사업자는 3천억 원의 과세표준을 초과하면 25%의 세율을 적용받게 되어 세부담 측면에서 훨씬 유리하다. 뿐만 아니라 법인의 대외신인도가 높고 주식발행을 통한 자금조달이 용이하다는 장점이 있다.

1 법인전환

개인사업자의 자산, 부채의 중요성이 크지 않은 경우에는 폐업을 하고 신설법인으로 새로 시작할 수 있다. 그러나 개인사업체의 계속성과 가업승계를 위한 연속성을 유지하기 위해서는 개인사업자로서 영위하던 가업을 동일업종의 법인으로 전환하여야 한다. 법인으로 전환하는 방법에는 크게 현물출자에 의한 법인전환과 사업양수도에 의한 법인전환이 있다.

1) 현물출자에 의한 법인전환

거주자가 사업장별로 해당 사업에 사용한 사업용 고정자산을 새로 설립되는 법인에 현물출자하는 방법을 말한다,

2) 사업양수도에 의한 법인전환

해당 사업을 영위하던 자가 발기인이 되어 종전 사업장의 순자산가액 이상을 출자하여 법인을 설립하고, 그 법인설립일로부터 3개월 이내에 해당 법인에게 사업에 관한 모든 권리와 의무를 포괄적으로 양도하는 방법이다.

아래의 요건을 모두 충족하는 경우 법인전환에 따른 양도소득세가 이월 과세되고 취득세 등이 면제되는 세제혜택을 받을 수 있다.

- 새로 신설되는 법인의 자본금은 사업용 고정자산을 현물출자하거나 사업양수도하여 법인으로 전환하는 종전 사업장의 순자산가액 이상이어야 한다. 종전 사업장의 순자산가액을 계산할 때 영업권은 포함하지 아니하며 순자산가액을 평가할 때의 시가는 상증세법에 따라 평가한다.
- 법인 설립일로부터 3개월 이내에 해당 법인에게 사업에 관한 모든 권리와 의무를 포괄적으로 양도해야 한다. 현물출자하거나 사업양수도를 한 날이 속하는 과세연도의 과세표준 신고 시 이월과세적용신청서를 납세지 관할 세무서장에게 제출해야 한다.

2 영업권의 의미

영업권은 기업이 일정기간 사업을 진행하면서 획득하게 된 영업상의 가치를 말한다. 즉, 특정기업이 동종기업에 비해 더 많은 초과이익을 낼 수 있는 무형자산이 영업권이다. 기업만이 고유하게 내재하고 있는 영업 노하우, 브랜드 인지도 등 장부에는 계상되지 아니한 무형의 자산으로 경영권 프리미엄의 성격을 가진다.

영업권으로 감가상각하여 비용화 될 수 있는 금액은 영업의 양수도, 피합병 법인 등의 영업상의 노하우 등 사업상 가치가 있고 이에 대한 대가를 지급한 것에 한한다.

3 개인사업자의 법인전환 시 영업권

개인사업자가 법인으로 전환하면서 전환법인이 양수한 개인사업자의 유형자산 이외에 사업체의 신용도, 브랜드가치, 명성, 순이익 창출능력, 고객유치능력 등을 적절하게 평가하여 이를 유상으로 취득한 금액은 영업권으로 본다.

영업권을 양수한 법인은 법인세법상 영업권으로 계상한 무형자산을 5년 동안 감가상각하여 비용처리할 수 있다.

4 영업권을 양도하는 개인

사업용고정자산과 함께 양도하는 영업권은 양도소득세가 과세된다.

그 외의 영업권만 양도하는 경우 기타소득으로 과세되며, 영업권으로 지급받은 금액의 60%를 비용으로 인정하고 있다. 다만, 실제 지출된 필요경비가 지급받은 금액의 60%를 초과하는 경우에는 실제 사용된 금액으로 비용처리가 가능하다. 기타소득에 해당되는 경우 반드시 영업권소득에 대해 원천징수를 하여 세무서에 신고하여야 감가상각을 통한 비용화가 가능하다.

10. 창업 후 3년 내 벤처기업인증 & 기업부설연구소 설립

세법은 우리나라 경제의 근간인 중소기업의 성장 및 육성을 위한 다양한 제도를 두고 있다.

"9988"로 통하는 중소기업을 위한 세액감면, 세액공제, 취득세·등록세 감면 등의 지원책을 통해 경제성장의 동력인 중소기업을 지원한다. 창업지원책으로 중소기업이면서 벤처인증을 받는 등의 일정한 요건을 갖추는 경우 50%의 세액감면을 해주고 있다. 또한 중소기업 기술 개발 및 4차 산업혁명의 근간인 IT 기술발전을 육성하고 연구인력개발, 원천기술개발, 기업부설연구소 설립 등을 위하여 연구개발세액공제, 지방세 감면 등의 규정을 두고 있다.

1 창업벤처중소기업

1) 중소기업의 요건

벤처기업육성에 관한 특별조치법 제2조 제1항 규정에 따른 벤처기업으로 중소기업법상의 중소기업 요건을 갖추고 5% 이상의 연구개발비를 지출한 중소기업 등이어야 한다.

제조업 등의 일정한 업종을 영위하고 법인설립 후 3년 내에 벤처기업으로 확인받은 중소기업을 말한다.

중소기업의 요건은 다음과 같다.

• 중소기업의 요건

「벤처기업육성에 관한 특별조치법」 제2조 제1항 규정에 따른 벤처기업 중 아래에 해당하는 벤처기업으로서 창업 후 3년 이내에 벤처기업으로 확인받은 기업을 말한다(조세특례제한법 제6조 제2항, 조세특례제한법 시행령 제5조 제4항).

참고

① 「벤처기업육성에 관한 특별조치법」 제2조의 제2항 아래 요건을 갖춘 중소기업
  ㉠ 「중소기업기본법」 제2조에 따른 다음의 어느 하나에 해당하는 중소기업
    • 업종별로 매출액 · 자산총액이 일정 금액 이하이고 소유와 경영의 실질적인 독립성이 갖추어진 영리를 목적으로 사업을 하는 기업
    • 「사회적기업육성법」 제2조 제1호에 따른 사회적기업
    • 「협동조합기본법」 제2조에 따른 협동조합 등
  ㉡ 다음의 어느 하나에 해당하는 기업
    • 기업에 대한 투자금액이 일정 금액 이상인 중소기업창업투자회사 등
    • 연구개발비 지출액이 일정 비율 이상인 기업부설연구소를 보유한 기업
    • 기술성이 우수한 기술보증기금 등으로부터 무담보로 대출받은 기업

② 연구개발비 지출비용 중 「조세특례제한법」 시행령 별표 6에서 정하는 연구개발비가 당해 사업연도 수입금의 5% 이상인 중소기업*1)

※ 세액감면은 위 기업으로서 창업 후 3년 이내에 벤처기업으로 확인받은 기업을 대상으로 한다(조세특례제한법 제6조 제2항).

1) 벤처기업 해당 여부의 확인을 받은 날이 속하는 과세연도부터 연구개발비의 비율이 계속 유지하는 경우에 한하여 적용한다(조세특례제한법 시행령 제5조 제5항).

• 업종 요건

창업벤처중소기업의 범위는 다음의 업종을 경영하는 중소기업을 말한다(조세특례제한법 제6조 제3항).

참고

1. 광업
2. 제조업(직접 제조하지 아니하고 제조업체에 의뢰하여 제품을 제조하는 사업을 포함)
3. 건설업
4. 음식점업
5. 출판업
6. 영상 · 오디오 기록물 제작 및 배급업(비디오물 감상실 운영업은 제외)
7. 방송업
8. 전기통신업
9. 컴퓨터 프로그래밍, 시스템통합 및 관리업
10. 정보서비스업(뉴스제공업, 블록체인기반 암호화자산 매매 및 중개업은 제외)
11. 연구개발업
12. 광고업
13. 그 밖의 과학기술 서비스업
14. 전문디자인업
15. 전시 · 컨벤션 및 행사대행업
16. 창작 및 예술관련 서비스업(자영예술가는 제외)
17. 대통령령으로 정하는 엔지니어링사업
18. 대통령령으로 정하는 물류산업
19. 「학원의 설립 · 운영 및 과외교습에 관한 법률」에 따른 직업기술 분야를 교습하는 학원을 운영하는 사업 또는 「근로자직업능력개발법」에 따른 능력개발훈련시설을 운영하는 사업(직업능력개발훈련을 주된 사업으로 하는 경우에 한한다)
20. 「관광진흥법」에 따른 관광숙박업, 국제회의업, 유원시설업 및 대통령령으로 정하는 관광객이용시설업
21. 「노인복지법」에 따른 노인복지시설을 운영하는 사업
22. 「전시산업발전법」에 따른 전시산업

23. 인력공급 및 고용알선업(농업노동자 공급업을 포함)
24. 건물 및 산업설비 청소업
25. 경비 및 경호 서비스업
26. 시장조사 및 여론조사업
27. 사회복지 서비스업
28. 보안시스템 서비스업
29. 통신판매업
30. 개인 및 소비용품 수리업
31. 이용 및 미용업

2) 세제혜택

중소기업 벤처기업으로서 창업 후 3년 이내에 벤처기업으로 확인받은 기업은 소득세 또는 법인세의 50%, 75%의 세액감면을 지원받고, 일정한 요건을 충족한 고용증가분에 대해서도 50% 한도 내에서 소득세 또는 법인세를 감면받는다.

벤처기업으로 확인받은 날부터 1년 이내에는 법인등록면허세가 면제되고, 75%의 취득세 감면과 50%의 재산세 감면을 받을 수 있다. 세액 감면에 따른 농어촌특별세가 비과세된다.

2 기업부설연구소

1) 기업부설연구소 등록

연구소 및 전담부서 설립을 하고자 하는 경우에는 기업의 조직을 정비하고 연구개발활동을 전담하는 연구전담요원과 연구시설 그리고 이를 지원하는 체제를 갖추어야 한다. 이러한 기업부설연구소의 인증요건을 충족한 후에는 관련서류를 비치하고 한국산업기술진흥협회에 신고접수를 해야 한다.

2) 세제혜택

연구개발비 세액공제는 모든 업종을 영위하는 내국인으로, 신성장동력분야 또는 원천기술획득을 위해 연구개발을 하는 경우와 일반적인 연구개발을 하는 경우로서 연구개발비에 투입한 금액 중 일정요건을 충족한 금액에 한해 연구개발비 세액공제를 적용한다.

3) 연구 · 인력개발비 세액공제 사전심사제도 도입

2020년부터 세액공제에 대한 세무상의 불확실성을 해소하기 위하여 연구 · 인력개발비(R&D) 세액공제에 대한 적정여부를 확인하는 사전심사제도를 시행한다. 연구 · 인력개발비(R&D) 세액공제를 적용받고자 하는 내국법인과 거주자가 사전심사신청서등의 서류를 법인세(소득세)신고시한까지 신청하면 세액공제에 대한 사전심사를 받을 수 있다. 서면검토가 원칙이나 필요한 경우 현장실사를 통해 실질여부를 확인할 수 있다.

11. 법인의 해외금융계좌 신고의무

거주자 또는 내국법인의 해외금융계좌 잔액 합계액이 한 번이라도 5억 원을 초과한 적이 있는 경우 계좌내역을 신고해야 한다. 해외금융계좌 신고제도는 2011년에 도입되어 도입 초기에는 미신고 과태료만 부과하였으나, 2014년부터 명단공개가 시작되고 미신고금액이 50억 원을 넘는 경우에는 형사처벌이 가능해졌다.

세법개정으로 2018년의 해외금융계좌 잔액 합계액이 10억 원에서 5억 원으로 대폭 하향되어 신고의무자가 많이 늘어났다.

이 제도는 납세자가 해외에 보유하고 있는 금융계좌를 국세청에 신고할 의무를 지우는 것이다.

현실적으로 해외에 있는 거주자, 내국법인의 재산보유나 금융계좌 내역을 파악하기가 쉽지 않다. 이러한 점을 악용하여 해외로 자산을 도피하거나 해외유령자회사를 만들어 세부담 없는 이익을 분여하는 경우가 많았다.

국세청은 이러한 역외탈세를 막기 위하여 해외금융계좌 신고의무를 두고 탈세방지를 위해 적극 활용하고 있다.

1 신고의무자

1) 거주자로서 국내에 주소를 두거나 183일 이상의 거소를 둔 개인

다만, 다음의 요건을 갖춘 거주자나 재외국민은 신고의무가 없다. 여기서 재외국민이란, 대한민국 국민으로서 외국 영주권을 취득한 자 또는 영주할 목적으로 외국에 거주하는 자를 말한다.

- 신고대상 연도 종료일 10년 전부터 국내에 주소나 거소를 둔 기간의 합계가 5년 이하인 자
- 국내에 주소를 두지 않은 재외국민으로서 신고대상 연도 종료일 2년 전부터 국내에 거소를 둔 기간의 합계가 183일 이하인 자

2) 내국법인과 내국법인의 해외지점, 해외사업장 신고대상 연도 종료일 현재 내국법인

위의 요건에 해당되는 거주자는 주소지 관할 세무서에, 법인은 법인등기부상의 본점 관할 세무서에 신고하면 된다.

2 해외금융계좌 잔액 합계액이 5억 원을 초과하는 날이 하루라도 있는 경우

- 해외금융계좌란 예금, 적금, 증권, 보험, 파생상품 등 해외금융회사와의 모든 금융거래를 위해 개설된 계좌를 말한다.
- 해외금융계좌 신고제도는 소득세 신고제도와는 별개의 제도이다.

외국은행계좌와 관련 이자소득을 종합소득세 신고기간에 하였더라도 계좌의무자에 해당된다면 반드시 신고하여야 한다.

- 2018년까지 이미 신고한 계좌라도 기준금액에 해당되어 신고대상인 경우에는 계좌잔액변동이 없더라도 2019년에 반드시 신고하여야 한다.
- 신고기준일인 매월 말일 현재 잔액이 없거나 (-)잔고인 경우에는 신고의무가 없다.

3 신고기한

해외금융계좌는 해당 의무자가 되는 경우 매년 6월 말까지 세무서에 신고하여야 한다.

4 과태료

미신고나 과소 신고한 금액이 다음에 해당되는 경우 10% 이상의 과태료가 부과된다. 다만 통고처분에 따른 벌금상당액을 납부한 경우에는 과태료를 부과하지 아니한다.

미(과소)신고금액	과태료
20억 원 이하	해당 금액×10%
20억 원 초과~50억 원 이하	2억 원+20억 원 초과금액×15%
50억 원 초과	6.5억 원+50억 원 초과금액×20%

12. 사장은 무조건 지배주주, 최대주주인가요?

많은 중소기업 오너 회사의 경우 회사지분의 상당부분을 창업주인 대표자가 소유하는 경우가 많다. 자녀 혹은 배우자가 소량의 주식을 보유하면서 법인의 실제 주주구성을 보면 대표자와 특수관계자로 이루어지는 경우가 대부분이다. 세법에서는 주식의 보유량과 특수 관계 여부에 따라 지배주주, 최대주주, 대주주, 소액주주로 구분하여 그 영향력에 따라 과세형태를 달리하고 있다.

1 지배주주

1) 법인세법

지배주주 등이란 법인의 발행 주식총수의 100분의 1 이상의 주식을 소유한 주주 등으로서 그와 특수관계에 있는 자와의 소유 주식의 합계가 해당 법인의 주주 등 중 가장 많은 경우의 해당 주주 등을 말한다(법인세법 시행령 제43조 제7항).

2) 상속세 및 증여세법

상속세 및 증여세법을 적용하는 경우 지배주주의 판단은 다음의 기준으로 한다(상속세 및 증여세법 시행령 제34조 제21항, 상속세 및 증여세법 집행기준 45의3-34의2-3).

참고

① 수혜법인의 최대주주 중 직접보유비율이 가장 높은 자가 개인인 경우: 해당 개인주주
② 수혜법인의 최대주주 중 직접보유비율이 가장 높은 자가 법인인 경우: 수혜법인에 대한 직업보유비율과 간접보유비율을 합하여 그 비율이 가장 높은 개인이 지배주주가 되며, 개인과 수혜법인 사이에 2 이상의 간접출자관계가 있는 경우에는 각각의 간접출자관계에서 산출한 비율을 모두 합하여 간접보유비율을 계산한다.

㉮ 직접보유비율은 보유하고 있는 법인의 주식 등을 그 법인의 발행주식총수로 나눈 비율로 하며, 이 경우 자기주식은 제외하고 계산한다.
㉯ 지배주주 판정시에는 모든 간접보유비율을 포함하여 계산한다.
㉰ 지배주주 판정시 수혜법인의 최대주주에 해당하지 아니하는 자 및 수혜법인의 최대주주 중 수혜법인에 대한 직접보유비율이 가장 높은 자에 해당하는 법인의 최대주주 등에 해당하지 아니하는 자는 지배주주에서 제외된다.

③ 지배주주에 해당하는 자가 2인 이상인 경우에는 수혜법인의 임원에 대한 임면권의 행사·사업방침의 결정 등을 통해 그 경영에 관하여 사실상 영향력이 더 큰 자로서 본인과 그 친족의 수혜법인에 대한 주식보유비율을 합하여 계산한 비율이 더 큰 경우에 있어서 그 본인 등을 지배주주로 한다.

2 최대주주

1) 법인세법

법인세법에서는 최대주주에 대한 별도의 규정이 없다. 다만, 법인세법 시행령에 '지배주주'에 대해 규정하는데, 이는 상증법상의 최대주주(상속세 및 증여세법 시행령 제19조 제2항)의 개념과 유사하다.

2) 상속세 및 증여세법

'최대주주'란, 주주 등 1인과 그의 특수관계인의 보유주식 등을 합하여 그 보유주식 등의 합계가 가장 많은 경우의 해당 주주 등 1인과 그의 특수관계인 모두를 말한다(상속세 및 증여세법 시행령 제19조 제2항). 그리고 주주 1인과 특수 관계자의 보유주식 등을 합하여 최대주주 등에 해당하는 경우에는 주주 1인 및 그와 특수관계에 있는 자 모두를 최대주주 등으로 보며, 이때 보유주식의 합계가 동일한 최대주주 등이 2 이상인 경우에는 모두를 최대주주 등으로 본다.

3 과점주주

1) 국세기본법

과점주주란, 주주 또는 유한책임사원 1명과 그의 특수관계인으로서 그들의 소유주식 합계 또는 출자액 합계가 법인의 발행주식 총수 또는 출자총액의 100분의 50을 초과하면서 그에 관한 권리를 실질적으로 행사하는 자들을 말한다(국세기본법 제39조 제2호).

2) 소득세법

과점주주란, 법인의 주주 1인 및 기타주주가 소유하고 있는 주식 등의 합계액이 해당 법인의 주식 등 합계액의 100분의 50 이상인 경우 그 주주 1인 및 기타주주를 말한다(소득세법 시행령 제158조 제1항).

3) 지방세기본법

과점주주란, 주주 또는 유한책임사원 1명과 그의 특수관계인 중 대통령령으로 정하는 자(해당 주주 또는 유한책임사원과 특수관계 있는 자)로서, 그들의 소유주식의 합계 또는 출자액의 합계가 해당 법인의 발행주식 총수 또는 출자총액의 50%를 초과하면서 그에 관한 권리를 실질적으로 행사하는 자들을 말한다(지방세기본법 제46조 제2호).

4 소액주주

1) 법인세법

- 소액주주란, 발행주식 총수의 100분의 1에 미달하는 주식을 소유한 주주를 말한다(법인세법 시행령 제50조 제2항).
- 주식변동 상황 명세서상의 소액주주는 다음에 해당되는 주주이다(법인세법 시행령 제161조 제4항).

  ※ 유가증권시장상장법인의 경우 보유하고 있는 주식의 액면금액의 합계액이 3억 원에 미달하고, 그 주식의 시가의 합계액이 100억 원 미만인 주주

  ※ 코스닥시장상장법인의 경우 보유하고 있는 주식의 액면금액의 합계액이 3억 원에 미달하고, 그 주식의 시가의 합계액이 100억 원 미만인 주주. 다만, 코스닥시장상장 전에 주식을 취득한 경우에는 해당 주식의 액면금액의 합계액이 500만 원 이하인 주주와 중소기업의 주식을 코스닥시장을 통하여 양도한 주주

  ※ 위 외의 법인의 경우 보유하고 있는 주식의 액면금액 또는 출자총액의 합계액이 500만 원 이하인 주주 등

2) 상속세 및 증여세법

소액주주란, 당해 법인의 발행주식총수 등의 100분의 1 미만을 소유하는 경우로서 주식 등의 액면가액의 합계액이 3억 원 미만인 주주를 말한다(상속세 및 증여세법 시행령 제29조 제5항).

3) 소득세법

• 양도소득세가 과세되는 대주주

소득세법은 대주주의 판단기준을 정의하고 있는바 대주주가 아닌 자는 소액주주에 해당된다.

주식을 양도하고 대주주인지 또는 소액주주인지 여부를 확인할 필요가 있는 때에는 양도소득세가 과세되는 대주주의 기준을 확인하면 된다. 이때 대주주의 조건에 해당되지 아니하면 소액주주가 된다(소득세법 시행령 제157조 제4항, 소득세법 시행령 제167조 제81항).

<table>
<tr><th>대주주
요건</th><th colspan="5">주식시장의 유형</th></tr>
<tr><td>지분율 또는
시가총액</td><td>유가증권시장</td><td>코스닥시장</td><td>코넥스시장</td><td>비상장주식</td><td>벤처기업주식</td></tr>
<tr><td>2018. 4. 1.
이후</td><td>1% 또는
15억 원 이상</td><td>2% 또는 15억
원 이상</td><td rowspan="2">4% 또는
10억 원 이상</td><td>4% 또는 15억
원 이상</td><td rowspan="3">4% 또는
40억 원 이상</td></tr>
<tr><td>2020. 4. 1.
이후</td><td>1% 또는
10억 원 이상</td><td>2% 또는
10억 원 이상</td><td>4% 또는
10억 원 이상</td></tr>
<tr><td>2021. 4. 1.
이후</td><td>1% 또는
3억 원 이상</td><td>2% 또는
3억 원 이상</td><td>4% 또는
3억 원 이상</td><td>4% 또는
3억 원 이상</td></tr>
</table>

시가총액을 기준으로 대주주를 판단하는 경우에는, 양도일이 속하는 직전 사업연도 종료일 현재를 기준으로 한다. 지분율을 적용하는 때에는 양도일이 속하는 사업연도의 직전 사업연도 종료일 현재를 기준으로 판단하며, 직전 사업연도 종료일 현재 대주주 지분율에 미달하였으나 양도일이 속하는 사업연도 중에 추가로 주식을 취득하여 대주주 지분율에 해당되는 때에는 그 해당되는 날부터 해당 사업연도 종료일도 대주주에 포함된다.

- 양도소득 외의 소득세법 적용 시 소액주주

  소액주주란, 주식의 액면금액 합계 3억 원과 발행주식 총수의 1% 중 적은 금액 미만의 소유자를 말한다(소득세법 시행령 제38조 제3항).

5 특수관계인의 범위

특수관계인이란, 본인과 혈족 및 인척 등 친족관계, 임원 · 사용인 등 경제적 연관관계, 주주 · 출자자 등 경영지배 관계 등 어느 하나에 해당하는 관계에 있는 자를 말한다. 세법을 적용할 때 본인도 그 특수관계인의 특수관계인으로 본다(국세기본법 시행령 제1조의2).

즉, 특수관계인의 범위를 판단하는 경우 쌍방을 기준으로 판단하는 바 어느 한편을 기준으로 특수관계인이면 다른 한편을 기준으로 하여도 특수관계인에 해당된다.

그리고 특수관계인의 범위는 개별세법마다 규정이 상이하다. 국세기본법과 소득세법은 국세기본법 시행령 제1조의2를 준용하고, 법인세법은 법인세법 시행령 제2조의5, 상속세 및 증여세법은 상증세 시행령 제2조의2에 특수관계인의 범위를 명시하였다. 발생하는 거래형태별로 특수관계 범위를 산정하여야 한다.

1) 국세기본법 & 소득세법(국세기본법 시행령 제1조의2)

"특수관계인"이란, 법인과 경제적 연관관계 또는 경영지배관계 등 대통령령으로 정하는 관계에 있는 자를 말한다. 이 경우 본인도 그 특수관계인의 특수관계인으로 본다.

참고

국세기본법 시행령 제1조의2 【특수관계인의 범위】

① 법 제2조 제20호 가목에서 "혈족 · 인척 등 대통령령으로 정하는 친족관계"란 다음 각 호의 어느 하나에 해당하는 관계(이하 "친족관계"라 한다)를 말한다.

1. 6촌 이내의 혈족
2. 4촌 이내의 인척
3. 배우자(사실상의 혼인관계에 있는 자를 포함한다)
4. 친생자로서 다른 사람에게 친양자 입양된 자 및 그 배우자 · 직계비속

② 법 제2조 제20호 나목에서 "임원 · 사용인 등 대통령령으로 정하는 경제적 연관관계"란 다음 각 호의 어느 하나에 해당하는 관계(이하 "경제적 연관관계"라 한다)를 말한다.

1. 임원과 그 밖의 사용인
2. 본인의 금전이나 그 밖의 재산으로 생계를 유지하는 자
3. 제1호 및 제2호의 자와 생계를 함께하는 친족

③ 법 제2조 제20호 다목에서 "주주 · 출자자 등 대통령령으로 정하는 경영지배관계"란 다음 각 호의 구분에 따른 관계(이하 "경영지배관계"라 한다)를 말한다.

1. 본인이 개인인 경우

가. 본인이 직접 또는 그와 친족관계 또는 경제적 연관관계에 있는 자를 통하여 법인의 경영에 대하여 지배적인 영향력을 행사하고 있는 경우 그 법인

나. 본인이 직접 또는 그와 친족관계, 경제적 연관관계 또는 가목의 관계에 있는 자를

통하여 법인의 경영에 대하여 지배적인 영향력을 행사하고 있는 경우 그 법인

2. 본인이 법인인 경우

가. 개인 또는 법인이 직접 또는 그와 친족관계 또는 경제적 연관관계에 있는 자를 통하여 본인이 법인의 경영에 대하여 지배적인 영향력을 행사하고 있는 경우 그 개인 또는 법인

나. 본인이 직접 또는 그와 경제적 연관관계 또는 가목의 관계에 있는 자를 통하여 어느 법인의 경영에 대하여 지배적인 영향력을 행사하고 있는 경우 그 법인

다. 본인이 직접 또는 그와 경제적 연관관계, 가목 또는 나목의 관계에 있는 자를 통하여 어느 법인의 경영에 대하여 지배적인 영향력을 행사하고 있는 그 법인

라. 본인이 「독점규제 및 공정거래에 관한 법률」에 따른 기업집단에 속하는 경우 그 기업집단에 속하는 다른 계열회사 및 그 임원

④ 제3항 제1호 각 목, 같은 항 제2호 가목부터 다목까지의 규정을 적용할 때 다음 각 호의 구분에 따른 요건에 해당하는 경우 해당 법인의 경영에 대하여 지배적인 영향력을 행사하고 있는 것으로 본다.

1. 영리법인인 경우

가. 법인의 발행주식총수 또는 출자총액의 100분의 30 이상을 출자한 경우

나. 임원의 임면권의 행사, 사업방침의 결정 등 법인의 경영에 대하여 사실상 영향력을 행사하고 있다고 인정되는 경우

2. 비영리법인인 경우

가. 법인의 이사의 과반수를 차지하는 경우

나. 법인의 출연재산(설립을 위한 출연재산만 해당한다)의 100분의 30 이상을 출연하고 그중 1인이 설립자인 경우

2) 법인세법(법인세법 시행령 제2조의5)

"특수관계인"이란, 법인과 경제적 연관관계 또는 경영지배관계 등 대통령령으로 정하는 관계에 있는 자를 말한다. 이 경우 본인도 그 특수관계인의 특수관계인으로 본다.

참고

법인세법 시행령 제2조의5 【특수관계인의 범위】

1. 임원(제40조 제1항에 따른 임원을 말한다. 이하 이 항, 제10조, 제19조, 제38조 및 제39조에서 같다)의 임면권의 행사, 사업방침의 결정 등 해당 법인의 경영에 대해 사실상 영향력을 행사하고 있다고 인정되는 자(「상법」 제401조의2 제1항에 따라 이사로 보는 자를 포함한다)와 그 친족(「국세기본법 시행령」 제1조의2 제1항에 따른 자를 말한다. 이하 같다)
2. 제50조 제2항에 따른 소액주주등이 아닌 주주 또는 출자자(이하 "비소액주주등"이라 한다)와 그 친족
3. 다음 각 목의 어느 하나에 해당하는 자 및 이들과 생계를 함께하는 친족
   가. 법인의 임원·직원 또는 비소액주주등의 직원(비소액주주등이 영리법인인 경우에는 그 임원을, 비영리법인인 경우에는 그 이사 및 설립자를 말한다)
   나. 법인 또는 비소액주주등의 금전이나 그 밖의 자산에 의해 생계를 유지하는 자
4. 해당 법인이 직접 또는 그와 제1호부터 제3호까지의 관계에 있는 자를 통해 어느 법인의 경영에 대해 「국세기본법 시행령」 제1조의2 제4항에 따른 지배적인 영향력을 행사하고 있는 경우 그 법인
5. 해당 법인이 직접 또는 그와 제1호부터 제4호까지의 관계에 있는 자를 통해 어느 법인의 경영에 대해 「국세기본법 시행령」 제1조의2 제4항에 따른 지배적인 영향력을 행사하고 있는 경우 그 법인
6. 해당 법인에 100분의 30 이상을 출자하고 있는 법인에 100분의 30 이상을 출자하고 있는 법인이나 개인
7. 해당 법인이 「독점규제 및 공정거래에 관한 법률」에 따른 기업집단에 속하는 법인인 경우에는 그 기업집단에 소속된 다른 계열회사 및 그 계열회사의 임원

3) 상속세 및 증여세법(상증세 시행령 제2조의2)

"특수관계인"이란, 본인과 친족관계, 경제적 연관관계 또는 경영지배관계 등 대통령령으로 정하는 관계에 있는 자를 말한다. 이 경우 본인도 특수관계인의 특수관계인으로 본다.

참고

상증세 시행령 제2조의2 【특수관계인의 범위】

① 법 제2조 제10호에서 "본인과 친족관계, 경제적 연관관계 또는 경영지배관계 등 대통령령으로 정하는 관계에 있는 자"란 본인과 다음 각 호의 어느 하나에 해당하는 관계에 있는 자를 말한다.

1. 「국세기본법 시행령」 제1조의2 제1항 제1호부터 제4호까지의 어느 하나에 해당하는자(이하 "친족"이라 한다) 및 직계비속의 배우자의 2촌 이내의 혈족과 그 배우자
2. 사용인(출자에 의하여 지배하고 있는 법인의 사용인을 포함한다. 이하 같다)이나 사용인 외의 자로서 본인의 재산으로 생계를 유지하는 자
3. 다음 각 목의 어느 하나에 해당하는 자

가. 본인이 개인인 경우: 본인이 직접 또는 본인과 제1호에 해당하는 관계에 있는 자가 임원에 대한 임면권의 행사 및 사업방침의 결정 등을 통하여 그 경영에 관하여 사실상의 영향력을 행사하고 있는 기획재정부령으로 정하는 기업집단의 소속 기업[해당 기업의 임원(「법인세법 시행령」 제40조 제1항에 따른 임원을 말한다. 이하 같다)과 퇴직 후 3년(해당 기업이 「독점규제 및 공정거래에 관한 법률」 제14조에 따른 공시대상기업집단에 소속된 경우는 5년)이 지나지 않은 사람(이하 "퇴직임원"이라 한다)을 포함한다]

나. 본인이 법인인 경우: 본인이 속한 기획재정부령으로 정하는 기업집단의 소속 기업(해당 기업의 임원과 퇴직임원을 포함한다)과 해당 기업의 임원에 대한 임면권의 행사 및 사업방침의 결정 등을 통하여 그 경영에 관하여 사실상의 영향력을 행사하고 있는 자 및 그와 제1호에 해당하는 관계에 있는 자

4. 본인, 제1호부터 제3호까지의 자 또는 본인과 제1호부터 제3호까지의 자가 공동으로 재산을 출연하여 설립하거나 이사의 과반수를 차지하는 비영리법인
5. 제3호에 해당하는 기업의 임원 또는 퇴직임원이 이사장인 비영리법인
6. 본인, 제1호부터 제5호까지의 자 또는 본인과 제1호부터 제5호까지의 자가 공동으로 발행주식총수 또는 출자총액(이하 "발행주식총수등"이라 한다)의 100분의 30 이상을

출자하고 있는 법인

7. 본인, 제1호부터 제6호까지의 자 또는 본인과 제1호부터 제6호까지의 자가 공동으로 발행주식총수등의 100분의 50 이상을 출자하고 있는 법인

8. 본인, 제1호부터 제7호까지의 자 또는 본인과 제1호부터 제7호까지의 자가 공동으로 재산을 출연하여 설립하거나 이사의 과반수를 차지하는 비영리법인

② 제1항 제2호에서 "사용인"이란 임원, 상업사용인, 그 밖에 고용계약관계에 있는 자를말한다.

③ 제1항 제2호 및 제39조 제1항 제5호에서 "출자에 의하여 지배하고 있는 법인"이란 다음 각 호의 어느 하나에 해당하는 법인을 말한다.

1. 제1항 제6호에 해당하는 법인
2. 제1항 제7호에 해당하는 법인
3. 제1항 제1호부터 제7호까지에 해당하는 자가 발행주식총수등의 100분의 50 이상을 출자하고 있는 법인

13. 조세특례제한법상의 중소기업 그리고 중견기업

'9988'로 통하는 중소기업은 우리나라 경제의 근간이며, 중소기업 성장 및 육성을 위한 다양한 제도를 두고 있다. 이에 세법상 세액공제 감면을 받기 위한 조건으로 중소기업의 판단이 필요한 경우가 많다. 중소기업은 업종, 매출액, 실질적 소유와 경영의 독립성 요건이 충족되면 「조세특례제한법」상의 다양한 세액공제 감면 등의 혜택을 받을 수 있다. 우리 회사가 다양한 세제지원을 받기 위한 조건을 충족하고 있는지를 알고 있어야 한다.

매출액이 일정금액 이하인 소기업과 중소기업의 요건 그리고 중견기업의 판단기준은 다음과 같다.

1 중소기업

「조세특례제한법」상의 중소기업은 다음의 요건을 갖춘 기업이다 (조세특례제한법 시행령 제2조 제1항).

- 매출액이 주된 업종별로 「중소기업기본법 시행령」 별표 1에 따른 규모 기준 이내이고,
- 소유와 경영의 실질적인 독립성이 「중소기업기본법 시행령」 제3조 제1항 제2호에 적합하며,

• 소비성 서비스업을 주된 사업으로 영위하지 아니하고,
• 자산총액이 5천억 원 미만이어야 한다.

1) 업종별 매출액 기준

「조세특례제한법」상의 중소기업이란, 매출액이 업종별로 다음에 정하는 일정규모 이하인 기업이어야 한다(조세특례제한법 시행령 제2조 제1항 제1호, 중소기업기본법 시행령 별표 1).

• 업종별 매출액 규모기준(중소기업기본법 시행령 [별표 1])

참고

해당 기업의 주된 업종	분류기호	규모기준
1. 의복, 의복액세서리 및 모피제품 제조업	C14	평균매출액등 1,500억 원 이하
2. 가죽, 가방 및 신발 제조업	C15	
3. 펄프, 종이 및 종이제품 제조업	C17	
4. 1차 금속 제조업	C24	
5. 전기장비 제조업	C28	
6. 가구 제조업	C32	
7. 농업, 임업 및 어업	A	평균매출액등 1,000억 원 이하
8. 광업	B	
9. 식료품 제조업	C10	
10. 담배 제조업	C12	
11. 섬유제품 제조업(의복 제조업은 제외한다)	C13	
12. 목재 및 나무제품 제조업(가구 제조업은 제외한다)	C16	
13. 코크스, 연탄 및 석유정제품 제조업	C19	
14. 화학물질 및 화학제품 제조업 (의약품 제조업은 제외한다)	C20	
15. 고무제품 및 플라스틱제품 제조업	C22	

해당 기업의 주된 업종	분류기호	규모기준
16. 금속가공제품 제조업(기계 및 가구 제조업은 제외한다)	C25	평균매출액등 1,000억 원 이하
17. 전자부품, 컴퓨터, 영상, 음향 및 통신장비 제조업	C26	
18. 그 밖의 기계 및 장비 제조업	C29	
19. 자동차 및 트레일러 제조업	C30	
20. 그 밖의 운송장비 제조업	C31	
21. 전기, 가스, 증기 및 공기조절 공급업	D	
22. 수도업	E36	
23. 건설업	F	
24. 도매 및 소매업	G	
25. 음료 제조업	C11	평균매출액등 800억 원 이하
26. 인쇄 및 기록매체 복제업	C18	
27. 의료용 물질 및 의약품 제조업	C21	
28. 비금속 광물제품 제조업	C23	
29. 의료, 정밀, 광학기기 및 시계 제조업	C27	
30. 그 밖의 제품 제조업	C33	
31. 수도, 하수 및 폐기물 처리, 원료재생업 (수도업은 제외한다)	E(E36 제외)	
32. 운수 및 창고업	H	
33. 정보통신업	J	
34. 산업용 기계 및 장비 수리업	C34	평균매출액등 600억 원 이하
35. 전문, 과학 및 기술 서비스업	M	
36. 사업시설관리, 사업지원 및 임대 서비스업 (임대업은 제외한다)	N(N76 제외)	
37. 보건업 및 사회복지 서비스업	Q	
38. 예술, 스포츠 및 여가 관련 서비스업	R	
39. 수리(修理) 및 기타 개인 서비스업	S	
40. 숙박 및 음식점업	I	평균매출액등 400억 원 이하
41. 금융 및 보험업	K	
42. 부동산업	L	

해당 기업의 주된 업종	분류기호	규모기준
43. 임대업	N76	
44. 교육 서비스업	P	

* 해당 기업의 주된 업종의 분류 및 분류기호는 「통계법」 제22조에 따라 통계청장이 고시한 한국표준산업분류표에 따른다.
* 위 표 제19호 및 제20호에도 불구하고 자동차용 신품 의자제조업(C30393), 철도차량부품 및 관련 장치물 제조업(C31202) 중 철도차량 의자 제조업, 항공기 부품 제조업(C31322) 중 항공기용 의자 제조업의 규모 기준은 평균매출액등 1,500억 원 이하로 한다.

2) 소유와 경영의 실질적 독립성 기준

「조세특례제한법」상의 중소기업이란 소유와 경영의 실질적인 독립성이 유지되어야 하며, 다음 중 어느 하나에도 해당되지 않는 기업이어야 한다(조세특례제한법 시행령 제2조 제1항 제3호, 중소기업기본법 시행령 제3조 제1항 제2호).

참고

소유와 경영의 실질적인 독립성

소유와 경영의 실질적인 독립성이 다음 각 목의 어느 하나에 해당하지 아니하는 기업일 것

가. 「독점규제 및 공정거래에 관한 법률」 제14조 제1항에 따른 상호출자제한기업집단(이하 이 호에서 "상호출자제한기업집단"이라 한다)에 속하는 회사 또는 같은 법 제14조의3에 따라 공시대상기업집단의 소속회사로 편입 · 통지된 것으로 보는 회사 중 상호출자제한기업집단에 속하는 회사

나. 자산총액이 5천억 원 이상인 법인(외국법인을 포함하되, 비영리법인 및 제3조의2 제3항 각 호의 어느 하나에 해당하는 자는 제외한다)이 주식등의 100분의 30 이상을 직접적 또는 간접적으로 소유한 경우로서 최다출자자인 기업. 이 경우 최다출자자는 해당 기업의 주식등을 소유한 법인 또는 개인으로서 단독으로 또는 다음의 어느 하나에 해당하는 자와 합산하여 해당 기업의 주식등을 가장 많이 소유한 자를

말하며, 주식등의 간접소유 비율에 관하여는 「국제조세조정에 관한 법률 시행령」 제2조 제2항을 준용

1) 주식등을 소유한 자가 법인인 경우: 그 법인의 임원

2) 주식등을 소유한 자가 1)에 해당하지 아니하는 개인인 경우: 그 개인의 친족

다. 관계기업에 속하는 기업의 경우에는 제7조의4에 따라 산정한 평균매출액등이 별표 1의 기준에 맞지 아니하는 기업

라. 삭제 〈2017. 12. 29.〉

3) 소비성 서비스업이 주된 사업이 아닌 기준

「조세특례제한법」상의 중소기업이란, 다음의 소비성 서비스업을 주된 사업으로 영위하지 아니하여야 한다(조세특례제한법 시행령 제2조 제1항 제4호 및 제29조 제3항).

- 호텔업 및 여관업(「관광진흥법」에 따른 숙박업은 제외)
- 주점업(일반유흥주점업, 무도유흥주점업 및 「식품위생법 시행령」 제21조에 따른 단란주점 영업만 해당하되, 「관광진흥법」에 따른 외국인전용유흥음식점업 및 관광유흥음식점업은 제외)
- 그 밖에 오락 및 유흥 등을 목적으로 하는 사업으로서 기획재정부령으로 정하는 사업

4) 자산총액이 5천억 원 미만인 기준

「조세특례제한법」상의 중소기업은 자산총액이 5천억 원 이상인 경우에는 중소기업으로 보지 아니한다(조세특례제한법 시행령 제2조 제1항).

2 소기업

소기업이란, 중소기업 중 매출액이 업종별로 아래 표의 규모 기준 이내인 기업을 말한다(조세특례제한법 시행령 제6조 제5항, 중소기업기본법 시행령 [별표 3]).〈개정 2017. 10. 17.〉

- 주된 업종별 평균매출액등의 소기업 규모기준(제8조 제1항 관련)

참고

해당 기업의 주된 업종	분류기호	규모기준
1. 식료품 제조업	C10	평균매출액등 120억 원 이하
2. 음료 제조업	C11	
3. 의복, 의복액세서리 및 모피제품 제조업	C14	
4. 가죽, 가방 및 신발 제조업	C15	
5. 코크스, 연탄 및 석유정제품 제조업	C19	
6. 화학물질 및 화학제품 제조업 (의약품 제조업은 제외한다)	C20	
7. 의료용 물질 및 의약품 제조업	C21	
8. 비금속 광물제품 제조업	C23	
9. 1차 금속 제조업	C24	
10. 금속가공제품 제조업 (기계 및 가구 제조업은 제외한다)	C25	
11. 전자부품, 컴퓨터, 영상, 음향 및 통신장비 제조업	C26	
12. 전기장비 제조업	C28	
13. 그 밖의 기계 및 장비 제조업	C29	
14. 자동차 및 트레일러 제조업	C30	
15. 가구 제조업	C32	

해당 기업의 주된 업종	분류기호	규모기준
16. 전기, 가스, 증기 및 공기조절 공급업	D	
17. 수도업	E36	
18. 농업, 임업 및 어업	A	평균매출액등 80억 원 이하
19. 광업	B	
20. 담배 제조업	C12	
21. 섬유제품 제조업(의복 제조업은 제외한다)	C13	
22. 목재 및 나무제품 제조업(가구 제조업은 제외한다)	C16	
23. 펄프, 종이 및 종이제품 제조업	C17	
24. 인쇄 및 기록매체 복제업	C18	
25. 고무제품, 및 플라스틱제품 제조업	C22	
26. 의료, 정밀, 광학기기 및 시계 제조업	C27	
27. 그 밖의 운송장비 제조업	C31	
28. 그 밖의 제품 제조업	C33	
29. 건설업	F	
30. 운수 및 창고업	H	
31. 금융 및 보험업	K	
32. 도매 및 소매업	G	평균매출액등 50억 원 이하
33. 정보통신업	J	
34. 수도·하수 및 폐기물 처리, 원료재생업 (수도업은 제외한다)	E (E36 제외)	평균매출액등 30억 원 이하
35. 부동산업	L	
36. 전문·과학 및 기술 서비스업	M	
37. 사업시설관리, 사업지원 및 임대 서비스업	N	
38. 예술, 스포츠 및 여가 관련 서비스업	R	
39. 산업용 기계 및 장비 수리업	C34	평균매출액등 10억 원 이하
40. 숙박 및 음식점업	I	
41. 교육 서비스업	P	
42. 보건업 및 사회복지 서비스업	Q	
43. 수리(修理) 및 기타 개인 서비스업	S	

• 비고

1. 해당 기업의 주된 업종의 분류 및 분류기호는 「통계법」 제22조에 따라 통계청장이 고시한 한국표준산업분류에 따른다.
2. 위 표 제27호에도 불구하고 철도차량부품 및 관련 장치물 제조업(C31202) 중 철도차량용 의자 제조업, 항공기용 부품 제조업(C31322) 중 항공기용 의자 제조업의 규모 기준은 평균매출액등 120억 원 이하로 한다.

3 중견기업

중견기업이란, 소득세 과세기간 또는 법인세 사업연도의 직전 소득세 과세기간 또는 법인세 사업연도 말 현재 다음 요건을 모두 갖춘 기업을 말한다(상속세 및 증여세법 제18조 제2항, 상속세 및 증여세법 시행령 제15조 제2항).

- 주된 사업을 중소기업기본법 시행령 별표 1에 해당되는 업종을 영위하고,
- 중소기업에 해당되지 아니하며(조세특례제한법 시행령 제9조 제4항 제1호),
- 소유와 경영의 실질적인 독립성이 「중견기업 성장촉진 및 경쟁력 강화에 관한 특별법 시행령」 제2조 제2항 제1호에 적합하고,
- 상속개시일의 직전 3개 소득세 과세기간 또는 법인세 사업연도의 매출액 평균금액이 3천억 원 미만인 기업이다.

소유와 경영의 실질적인 독립성이「중견기업 성장촉진 및 경쟁력 강화에 관한 특별법 시행령」 제2조 제2항 제1호는 다음과 같다.

참고

소유와 경영의 실질적인 독립성

소유와 경영의 실질적인 독립성이 다음 각 목의 어느 하나에 해당하지 아니하는 기업일 것

가.「독점규제 및 공정거래에 관한 법률」 제14조 제1항에 따른 상호출자제한기업집단에 속하는 기업

나.「독점규제 및 공정거래에 관한 법률 시행령」 제21조 제2항에 따른 상호출자제한기업집단 지정기준인 자산총액 이상인 기업 또는 법인(외국법인을 포함한다. 이하 같다)이 해당 기업의 주식(「상법」 제344조의3에 따른 의결권 없는 주식은 제외한다) 또는 출자지분(이하 "주식등"이라 한다)의 100분의 30 이상을 직접적 또는 간접적으로 소유하면서 최다출자자인 기업. 이 경우 최다출자자는 해당 기업의 주식등을 소유한 법인 또는 개인으로서 단독으로 또는 다음의 어느 하나에 해당하는 자와 합산하여 해당 기업의 주식등을 가장 많이 소유한 자로 하며, 주식등의 간접소유비율에 관하여는「국제조세조정에 관한 법률 시행령」 제2조 제2항을 준용한다.

1) 주식등을 소유한 자가 법인인 경우: 그 법인의 임원

2) 주식등을 소유한 자가 개인인 경우: 그 개인의 친족

14. 소액주주인데, 양도소득세를 내야 하나요?

주식을 양도하면 양도차익에 대한 양도소득세 뿐만 아니라 증권거래에 대한 증권거래세도 납부해야 한다. 소액주주라 납부할 세금이 없다고 생각하는 경우가 많은데, 이는 상장주식의 소액주주에 해당되며 비상장주식을 양도하는 경우에도 양도소득세 납부의무가 발생한다.

1 주식 양도소득세

주식을 양도하고 세율을 적용하는 경우, 양도한 주식이 중소기업에 해당되는 주식인지 그리고 양도하는 자가 대주주인지 여부에 따라 양도소득세율이 달라진다. 중소기업에 해당되는지 여부를 판단하는 경우 중소기업법상의 중소기업이 그 대상이며, 세액공제감면을 받을 때 적용하는 조세특례제한법상 중소기업이 아니다.

주식을 양도한 뒤에는 반드시 양도일이 속하는 반기의 말일부터 2개월 이내에 양도소득세 예정신고 및 납부를 해야 한다. 기간 내에 예정신고를 하지 아니하는 경우에는 납부할 세액의 20%인 무신고가산세와 1일 0.03%의 납부불성실가산세가 부과된다.

양도소득세 = (양도가액−취득가액−2,500,000)×양도소득세율

[주식거래에 따른 양도소득세율]

<table>
<tr><th colspan="3">구 분</th><th>양도소득세율</th></tr>
<tr><td rowspan="8">상장 주식</td><td rowspan="3">중소기업 주식</td><td>대주주 외(소액주주)+장내거래</td><td>비과세</td></tr>
<tr><td>대주주 외(소액주주)+장외거래</td><td>10%</td></tr>
<tr><td>대주주</td><td>20%(과세표준 3억 원 초과 25%)</td></tr>
<tr><td rowspan="5">중소기업 외 주식</td><td>대주주 외(소액주주)+장내거래</td><td>비과세</td></tr>
<tr><td>대주주 외(소액주주)+장외거래</td><td>20%</td></tr>
<tr><td>대주주 1년 이상 보유</td><td>20%(과세표준 3억 원 초과 25%)</td></tr>
<tr><td>대주주 1년 미만 보유</td><td>30%</td></tr>
<tr><td rowspan="5">비상장 주식</td><td rowspan="2">중소기업 주식</td><td>대주주 외(소액주주)</td><td>10%</td></tr>
<tr><td>대주주</td><td>20%(과세표준 3억 원 초과 25%)</td></tr>
<tr><td rowspan="3">중소기업 외 주식</td><td>대주주 외(소액주주)</td><td>20%</td></tr>
<tr><td>대주주 1년 이상 보유</td><td>20%(과세표준 3억 원 초과 25%)</td></tr>
<tr><td>대주주 1년 미만 보유</td><td>30%</td></tr>
<tr><td>기타 자산</td><td>부동산과다보유법인주식으로 특정주식(A)</td><td>자산 총액 중 부동산 등의 비율이 50% 이상인 법인의 주식을 50% 이상 주식을 소유한 과점주주가 50% 이상 양도하는 주식</td><td>누진세율 6~42%</td></tr>
</table>

구 분			양도소득세율
	특정업종의 부동산과다보유 법인 주식으로 특정주식(B)	골프장 등의 특정업종을 영위하는 법인의 자산총액 중 부동산 등의 비율이 80% 이상인 법인의 주식	누진세율 6~42%

2 양도소득세가 과세되는 대주주

소득세법은 대주주의 판단기준을 정의하고 있는바 대주주가 아닌 자는 소액주주에 해당된다. 주식을 양도하고 대주주인지 또는 소액주주인지 여부를 확인할 필요가 있는 때에는 양도소득세가 과세되는 대주주의 기준을 확인하면 된다. 이때 대주주의 조건에 해당되지 아니하면 소액주주가 된다(소득세법 시행령 제157조 제4항, 소득세법 시행령 제167조의8 제1항).

<table>
<tr><th>대주주
요건</th><th colspan="5">주식시장의 유형</th></tr>
<tr><td>지분율
또는 시가
총액</td><td>유가증권
시장</td><td>코스닥
시장</td><td>코넥스
시장</td><td>비상장
주식</td><td>벤처
기업
주식</td></tr>
<tr><td>2018. 4. 1.
이후</td><td>1% 또는
15억 원 이상</td><td>2% 또는
15억 원 이상</td><td rowspan="2">4% 또는
10억 원 이상</td><td>4% 또는
15억 원 이상</td><td rowspan="3">4% 또는
40억 원
이상</td></tr>
<tr><td>2020. 4. 1.
이후</td><td>1% 또는
10억 원 이상</td><td>2% 또는
10억 원 이상</td><td>4% 또는
10억 원 이상</td></tr>
<tr><td>2021. 4. 1.
이후</td><td>1% 또는
3억 원 이상</td><td>2% 또는
3억 원 이상</td><td>4%또는
3억 원 이상</td><td>4% 또는
3억 원 이상</td></tr>
</table>

시가총액을 기준으로 대주주를 판단하는 경우에는 양도일이 속하

는 직전 사업연도 종료일 현재를 기준으로 한다. 지분율을 적용하는 때에는 양도일이 속하는 사업연도의 직전 사업연도 종료일 현재를 기준으로 판단하며, 직전 사업연도 종료일 현재 대주주 지분율에 미달하였으나 양도일이 속하는 사업연도 중에 추가로 주식을 취득하여 대주주 지분율에 해당되는 때에는 그 해당되는 날부터 해당 사업연도 종료일도 대주주에 포함된다.

3 누진세율이 적용되는 특정주식(A)

다음의 요건을 충족하는 법인의 주식을 양도하는 경우 일반적인 주식양도에 대한 세율이 아니라 종합소득세율의 누진세율을 적용한다.

법인의 자산총액 중 토지, 건물, 부동산에 관한 권리의 가액과 해당 법인이 보유한 다른 법인의 주식가액에 그 법인의 부동산 등 보유비율의 합계액이 법인의 자산총액 중 50% 이상을 차지하고 법인주식의 50% 이상을 소유한 과점주주가 50% 이상의 주식을 양도하는 경우 7단계의 누진세율(6~42%)를 적용한다.

4 누진세율이 적용되는 특정주식(B)

다음의 요건을 충족하는 법인의 주식을 양도하는 경우 일반적인 주식양도에 대한 세율이 아니라 종합소득세율의 누진세율을 적용한다.

특정업종을 영위하는 법인으로서 자산총액 중 토지, 건물, 부동산에 관한 권리의 가액과 해당 법인이 보유한 다른 법인의 주식가액에 그 법인의 부동산 등 보유비율의 합계액이 법인의 자산총액 중 80% 이상을 차지하는 경우 양도자의 지분율이나 양도비율에 관계없이 단1주를 양도하여도 7단계의 누진세율(6~42%)을 적용한다.

특정업종에는 「체육시설의 설치 및 이용에 관한 법률」에 따른 골프장업 및 스키장업 등 체육시설업과 「관광진흥법」에 따른 관광사업 중 휴양시설관련업 및 부동산업 및 산개발업을 하는 법인을 말한다.

5 증권거래세

주식을 양도하는 경우 양도소득세 외에 증권거래세를 신고 납부하여야 한다.

일반적인 비상장주식 양도의 경우는 양도가액의 0.5%이고, 유가증권시장에서 양도하는 주권은 0.15% 그리고 코스닥 시장 등을 통해 양도하는 주권은 0.25%의 탄력세율을 적용한다.

증권거래세 신고 납부는 양도일이 속하는 반기의 말일부터 2개월 이내에 신고 납부를 해야 한다.

15. 차명계좌의 위험성 & FIU 자금출처분석

차명계좌란, 실질 소유자가 아닌 다른 사람의 이름을 빌려 만든 은행계좌를 말한다. 차명거래는 주로 비자금관리, 탈세 등의 불법행위를 목적으로 이루어지는 경우가 많다. 법인의 경우에도 법인계좌 외에 대표자 명의의 통장거래를 하면 이를 차명계좌으로 보고 엄격하게 해석하고 철저하게 관리한다.

1 차명계좌의 위험성

법인의 비자금, 은닉자산을 관리하기 위해 가족이나 다른 사람의 이름을 빌려 거래하는 경우 세법은 차명계좌에 대해 다양한 재제를 두고 엄정하게 대응하고 있다.

1) 상속세 및 증여세법

실명이 확인된 계좌 또는 외국의 관계법령에 따라 이와 유사한 방법으로 실명이 확인된 계좌에 보유하고 있는 재산은 명의자가 그 재산을 취득한 것으로 추정하여 금융계좌에 자산이 입금되는 시점에 증여세를 과세한다.

차명계좌에 입금된 재산에 대해 명의자가 자금출처를 입증하지 못하는 경우, 그 명의자는 해당 금액을 증여받은 것으로 보아 증여세를 부담해야 한다. 만약 증여받은 것이 아니고 차명으로 개설된 계좌인 경우에는 금융실명법 위반에 따라 5년 이하의 징역 또는 5천만 원 이하의 벌금에 처해질 수 있다.

2) 금융실명거래 및 비밀보장에 관한 법률

누구든지 불법재산의 은닉, 자금세탁행위 또는 공중협박자금조달행위 및 강제집행의 면탈, 그 밖에 조세를 탈루하는 목적으로 사실을 가장하거나 재산을 은닉하는 행위 등 탈법행위를 하기 위해 타인명의로 거래하는 경우 최고 5년 이하의 징역 또는 5천만 원 이하의 벌금에 처해질 수 있다.

3) 조세범처벌법

세법을 위반한 자의 조세포탈에 대한 불이익은 다음과 같다.

<table>
<tr><th>조세포탈의 구분</th><th>형벌 및 과태료</th></tr>
<tr><td>사기 그 밖의 부정한 행위</td><td>2년 이하의 징역,
포탈세액의 2배 이하의 벌금</td></tr>
<tr><td>포탈세액이 3억 원 이상이고
포탈세액이 신고납부할 세액의
30% 이상</td><td rowspan="2">3년 이하의 징역,
포탈세액의 3배 이하의 벌금</td></tr>
<tr><td>포탈세액이 5억 원 이상</td></tr>
</table>

4) 국세기본법 등

부정행위로 증여세를 포탈한 경우 해당 증여가 있음을 안 날로부터

1년 이내에 증여세를 부과할 수 있고, 체납자 은닉재산을 신고하거나 타인 명의의 법인사업자의 내용을 제보한 사람은 20억 원 범위에서 포상금을 지급할 수 있다. 그리고 차명계좌에서 발생한 소득에 대해 40% 상당의 신고불성실 가산세 등이 부과될 수 있다.

이외에도 차명계좌에서 발생한 이자소득에 대해서는 90%의 원천징수세율이 적용된다.

2 FIU 자료분석

FIU란, 금융위원회 산하의 금융정보분석원(Financial Intelligence Unit)을 말한다.

금융정보분석원(FIU)는 금융기관으로부터 마약, 밀수, 사기 등 범죄와 연계된 자금세탁, 불법적인 해외도피 등의 의심되는 금융거래에 대해 보고받고 정보를 선별, 수집하여 수사기관 즉 검찰, 국세청, 관세청, 금융감독위원회 등에 제공한다.

금융기관은 금액에 관계없이 국내외 의심되는 금융거래(STR: Suspicious Transaction Report)에 보고해야 하고 1거래일 기준으로 2천만 원 이상의 고액 현금거래(CTR: Current Transaction Report)에 대해서도 FIU에 무조건 보고해야 한다.

1) FIU 자료분석을 통한 자금출처 소명요구

금융정보분석원으로부터 제공받은 FIU 자료를 분석하여 신고된 소득에 대비하여 비정상적인 고액의 현금거래가 있거나 입출금을 하는 경우, 예금의 증가와 부동산 등을 취득하는 경우 해당되는 자금의 출처를 소명할 것을 요청한다. 국세청이 보내온 해명자료제출요구서에 제대로 설명을 하지 못하는 경우에는 세무조사로 파생되는 경우도 발생한다.

국세청은 금융기관을 통한 자금흐름과 신고한 소득을 초과하는 재산증가액과 소비지출액의 차이에 대해 상세한 설명을 듣고 싶어한다. 즉 부동산, 주식, 회원권, 차량 등의 등기등록이 필요한 자산내역과 세금납부, 신용카드사용, 해외여행 빈도수 등을 모두 들여다보고 있으며, 금융소득의 원천징수내역과 개인의 금융잔고까지 한눈에 파악하고 있다.

국세청은 신고한 소득을 초과하는 소비나 재산증가에 해당하는 자금원천에 대해 철저한 소명을 요구하고, 설명이 부족한 경우 세무조사를 통한 탈루소득에 대해 세금추징이 될수 있음에 주의해야 한다.

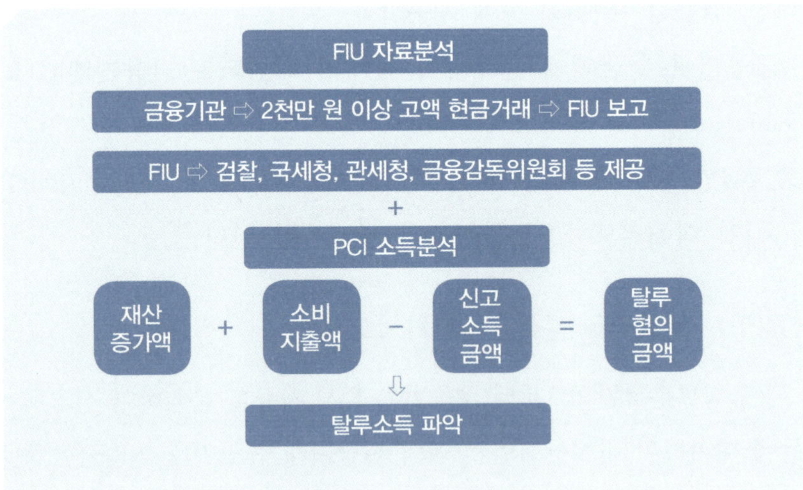

3 자금출처에 대한 소명자료

위의 FIU 자료분석과 PCI 시스템 등의 분석 결과, 세무서로부터 소비지출과 재산 증가에 대해 자금원천의 소명을 요청받는 경우 납세자가 준비해야 할 서류에는 어떤 것들이 있을까?

자금출처조사란, 그 사람의 직업, 나이, 신고된 소득, 소득세 납부실적, 재산상태 등에 비추어 자력으로 재산을 취득하거나 부채를 상환하였다고 보기 어려운 경우 자금원천에 대한 출처를 요청하고 합당한 근거자료를 제시하지 못하는 경우 이를 증여받은 것으로 보아 증여세를 징수하는 조사를 말한다.

다음은 자금출처에 대해 근거자료로 인정받는 항목이다.

구분	자금출처로 인정되는 금액	증빙서류
근로소득	총급여액–원천징수세액	원천징수영수증
원천징수소득 (이자 · 배당 · 기타소득 포함)	총지급액–원천징수세액	원천징수영수증
사업소득	소득금액–소득세상당액	소득세신고서 사본
차입금	차입금액	부채증명서
임대보증금	보증금 또는 전세금	임대차계약서 사본
보유재산 처분액	처분가액–양도소득세 등	매매계약서 사본
현금 · 예금 수증	증여재산가액	통장사본

Responsible Management

Kim Yeon Ju & Lim Jun Chan

03

CEO! 살아있는 절세로 회사를 책임경영하라[Ⅱ]

"박물관 붙박이 상식"으로 기업을 방치하지 말라

TAX

1. 정관은 박물관의 장식품이 아니다!

1 정관의 역할

회사를 운영하는 CEO 중에 정관을 법인 설립시 거쳐야 하는 요식 행위로만 생각하여 모든 설립절차를 법무사에게 맡기고 나 몰라라 하는 분들이 있다. 그러나 정관은 그러한 형식상의 껍데기 규정이 아니다.

정관은 회사의 자치법규이며, 법인을 운영하는데 필수적인 조직과 경영에 중대한 영향을 미치는 사항에 대해 정해놓은 사내규칙이다.

정관은 발기인 전원의 동의로 작성하고 각 발기인의 서명이 필요하다. 이를 원시정관이라 한다. 원시정관의 효력은 공증인의 인증으로 효력이 발생하나 자본금 총액이 10억 원 미만인 회사는 발기설립의 경우 공증인의 인증없이 발기인의 서명으로도 효력이 생긴다.

정관규정에는 정관의 절대적 기재사항과 상대적 기재사항 그리고 임의적 기재사항이 있다.

정관에 반드시 기재해야 하는 정관의 절대적 기재사항과 정관에 기재하지 않아도 정관은 유효하나, 특정한 사안에 대해 구속력이 발생하기 위해 정관에 기재되어야 하는 상대적 기재사항, 정관에 기재되어야만 효력이 생기는 것은 아니지만 그 내용을 기재하면 그 기재한

대로 효력이 발생하는 임의적 기재사항이 있다.

정관은 회사의 자치법규이므로 회사의 특성을 반영한 운영규칙, 경영방침 등을 정관에 기재하면 법령에 반하지 아니한 경우 회사내부자 간에는 효력이 발생한다. 반사회적이거나 회사의 본질에 어긋나지 않고 주주의 고유권을 해치지 않는 범위 내에서 정관에 규정할 수 있다. 그러나 정관규정은 외부의 제3자에 대해서는 효력이 없다.

한국상장회사협의회(www.klca.or.kr)의 상장회사 표준정관 그리고 KRX 한국거래소(www.krx.co.kr)의 표준정관 등을 참조하면 정관의 전반적인 규정을 이해할 수 있다.

2 정관기재사항의 종류

1) 정관의 절대적 기재사항

절대적 기재사항은 반드시 정관에 기재되어야 한다. 정관에 기재가 되어 있지 아니하면 정관이 무효가 되는 것은 물론이고, 회사 설립이 무효가 되는 사항을 말한다.

절대적 기재사항에는 주식회사를 설립할 때 상법에서 정한 회사의 목적, 상호, 회사가 발행할 주식의 총수, 액면주식을 발행하는 경우 1주의 금액, 회사의 설립 시에 발행하는 주식의 총수, 본점의 소재지, 회사가 공고를 하는 방법, 발기인의 성명 · 주민등록번호 및 주소가 있다.

사업목적을 기재할 때 금융감독원 전자공시시스템(dart.fss.or.kr)을 통해 동일 업종의 사업목적을 참고하면 유용하다.

사업목적은 사업과 관련된 업종을 가급적 광범위하게 기재하는 것이 좋다. 사업목적이 변경되는 경우 2주 이내에 정관의 변경등기를 해야 하기 때문이다.

2) 정관의 상대적 기재사항

정관에 기재하지 않아도 정관은 유효하나, 특정한 사안에 대해 구속력이 발생하기 위해서는 정관에 기재되어 있어야만 한다. 이를 상대적 기재사항이라 한다.

예컨대 중간배당과 현물배당, 임원의 보수 및 퇴직금 한도, 이사의 책임한도 규정, 대표이사 선임, 이사 및 감사의 규정, 이사회 관련사항, 유족보상규정, 발기인이 받을 특별이익과 성명, 현물출자를 하는 자의 성명과 목적인 재산의 종류, 수량, 가격과 이에 상응하는 주식의 종류와 수 등, 주식양도, 주식매수선택권 등의 회사조직 및 운용과 관련된 회사의 특수성을 반영한 규정을 기재할 수 있다.

3) 정관의 임의적 기재사항

정관에 기재되어야만 효력이 생기는 것은 아니지만, 그 내용을 기재하면 그 기재한대로 효력이 발생하는 임의적 기재사항이 있다. 이사 및 감사의 수, 총회의 소집시기 등 주식회사의 본질, 사회질서에 반하지 않는 범위 내에서 회사운영에 대한 사항을 정관에 기재하면 효력이 발생하는 사항이다.

3 정관의 변경

정관 변경은 회사의 조직과 행동에 대해 기본적인 규칙인 실질적 의의의 정관을 변경하는 것을 말한다. 정관의 변경은 반사회적이거나 회사의 본질에 어긋나지 않고, 주주의 고유권을 해치지 않는 범위 내에서 어떠한 변경도 할 수 있다.

정관의 변경은 반드시 주주총회의 특별결의가 필요하다. 특별결의는 의결권의 3분의 2 이상의 수와 발행주식총수의 3분의 1 이상의 수로써 가능하다. 유효하게 작성된 정관을 변경하는 경우에는 주주총회의 특별결의가 필요하다. 회사운영에 필요한 정관변경이 이루어진 경우, 추후의 실질적인 입증을 위하여 공증을 받아두는 것도 유익하다.

2. 정관의 주요항목이 절세를 이끈다

1 정관 작성 시 반드시 체크해야 할 사항

회사를 경영할 때 법인의 특수성이 반영된 운영방침이나 내부규칙을 정관에 반영할 수 있는데, 이를 정관의 상대적 기재사항이라 한다.

상대적 기재사항에는 예컨대 중간배당과 현물배당, 임원의 보수 및 퇴직금 한도, 이사의 책임한도 규정, 대표이사 선임, 이사 및 감사의 규정, 이사회 관련사항, 유족보상규정 등에 대해 별도의 구체적이고 개별적인 사항을 정관에 규정하거나 결정권한을 위임하는 규정을 정관에 기재할 수 있다.

이러한 회사의 특수성을 반영한 규정을 정관에 두는 경우 그 효력이 발생한다.

정관에 임원보수 및 퇴직금 관련 규정과 복잡한 주주총회 결의사항을 이사회결의로 대체할 수 있는 규정 등을 마련해 둔다면 적극적인 절세방어와 함께 원활한 회사 운영을 위한 시스템을 마련할 수 있다.

2 임원의 보수는 정관규정, 주주총회, 이사회 규정이 필수

이사의 보수는 정관에 구체적인 보수규정이 없거나 주주총회 결의에 의한 이사보수가 정해지지 않은 상황에서 이사의 보수나 퇴직금을 청구할 수 없다.

즉, 상법은 이사의 보수에 대해 정관에 구체적인 금액을 정하지 아니한 때에는 주주총회의 결의로 이를 정한다고 규정하고 있다.

이때 이사의 보수는 월급, 상여금 등 명칭을 불문하고 이사의 직무수행에 대한 보상으로 지급되는 대가가 모두 포함된 것으로 본다. 퇴직금 또는 퇴직위로금도 그 재직중의 직무집행의 대가로 지급되는 보수로 보고 있다.

세법에서는 상법상의 규정을 엄격하게 적용하고 있다.

법인이 임원에게 지급하는 상여금 중 정관, 주주총회, 이사회의 결의에 의해 결정된 급여지급기준에 따라 지급하는 금액을 초과하는 금액은 이를 손금산입하지 아니한다. 즉 정관, 주주총회, 이사회의 구체적인 규정없이 지급되는 금액은 비용으로 인정받지 못한다.

3 임원의 퇴직금은 정관규정, 주주총회, 이사회 규정이 기본

법인의 임원퇴직급여 중 정관에 퇴직급여(퇴직위로금 등 포함) 금액이 정해진 경우에는 정관에 규정된 금액을 손금산입한다. 즉, 정관에 구체적인 퇴직급여규정이 있는 경우 그 금액을 퇴직금으로 인정한다. 정관에 위임된 퇴직급여지급규정이 별도로 정해진 경우에는 그 위임된 규정에 의한 금액을 퇴직금으로 비용처리 할 수 있다. 그러나 정관에 퇴직급여액이 없는 경우에는 임원이 퇴직한 날부터 소급하여 1년 동안 해당 임원에게 지급한 총급여액(비과세 제외하고, 손금불산입 상여금 제외)의 10분의 1에 상당하는 금액에 근속연수를 곱한 금액을 손금산입한다.

즉, 임원 퇴직금 관련 규정이 정관이나 정관에 위임된 규정에 의한 금액이 없는 경우에는 세법상의 퇴직금한도액까지 퇴직금으로 보며, 초과분에 대해서는 상여로 보아 과세된다.

2012년 소득세법 제22조를 개정하여 2012년 1월 1일 이후부터 발생하는 퇴직금을 지급받는 임원은 퇴직금 한도의 3배수까지만 퇴직소득으로 인정하며 3배수를 초과하는 금액은 퇴직소득이 아니라 근로소득으로 보아 근로소득세를 부과한다.

2020년부터 임원퇴직소득의 한도를 3배수에서 2배수로 축소하여 임원퇴직소득에 대한 과세합리화방안을 도입하였다.

세법에서는 임원퇴직금에 대해 정관규정의 구체적인 금액이나 상법상 정관에 위임된 규정에 의한 합법적인 절차를 세밀하게 검토하고 있다. 정관에 위임된 규정은 정관 자체에 퇴직금 범위에 대한 기본적인 사항이 제시되어 있고 보다 구체적이고 세부적인 사항이 기재된 퇴직금규정이어야 한다. 따라서 임원퇴직금에 대해 정관이나 정관에 위임된 규정에 의한 금액이 없는 경우에는 세법상의 퇴직금한도액까지 퇴직금으로 본다.

4 중간배당

배당결의는 주주총회, 이사회 결의로 가능하다.

이익배당은 주주총회의 보통결의(출석한 주주의 의결권 과반수와 발행주식 총수의 1/4 이상의 수)이다. 다만, 정관으로 중간배당을 정하고 연 1회의 결산기를 정한 회사는 영업연도 중 1회에 한하여 중간배당을 할 수 있다. 중간배당은 이사회의 결의로 일정한 날을 정하여 배당할 수 있다. 배당은 현금배당을 원칙으로 하나 정관에 금전 외의 재산으로 배당(현물배당)할 수 있음을 정할 수 있다.

정관에 규정이 있는 경우 중간배당을 할 수 있다. 중간배당은 1회의 결산기를 정한 회사만 할 수 있다. 중간배당은 연 1회만 인정되며, 중간배당을 하는 경우 중간배당은 직전 결산기의 대차대조표상의 순자산액에서 다음의 금액을 공제한 액을 한도로 한다.

중간배당 한도액
중간배당은 직전 결산기의 대차대조표상의 순자산액에서 다음 각 호의 금액을 공제한 액을 한도로 한다.
1. 직전 결산기의 자본금의 액 2. 직전 결산기까지 적립된 자본준비금과 이익준비금의 합계액 3. 직전 결산기의 정기총회에서 이익으로 배당하거나 또는 지급하기로 정한 금액 4. 중간배당에 따라 당해 결산기에 적립하여야 할 이익준비금

주주총회나 이사회 결의를 한 날부터 1개월 내에 해야 한다. 배당금의 지급청구권은 5년간 행사하지 아니하면 소멸시효가 완성된다.

3. 임원상여 막 주다가 세금폭탄!

1 세법은 임원 보수인정에 엄격하다. 정관규정을 확인하라!

세법은 법인이 근로자에게 지급하는 보수와는 달리 임원에게 지급하는 상여금을 엄격하게 해석한다. 임원에게 지급하는 상여금 중 주주총회, 이사회의 결의에 의해 결정된 급여지급기준에 따라 지급하는 금액을 초과하는 금액은 이를 손금산입하지 아니한다. 즉 정관, 주주총회, 이사회의 구체적인 규정없이 지급되는 금액은 비용으로 인정받지 못한다.

사전에 정해진 급여기준에 따라 산정된 급여는 임원급여로 인정되나 임원의 영향력을 행사하여 자의적으로 책정된 보수금액은 비용으로 인정하지 아니한다. 이는 기업의 자산이 정당한 세부담 없이 유출되는 것을 방지하기 위한 것이다.

임원보수의 비용인정여부	
급여지급기준 있는 경우: 지급기준 내의 급여는 비용인정	정관, 주주총회, 이시회 결의로 결정된 급여지급기준 한도 내에서 비용인정
급여지급기준이 없는 경우: 전액 불산입	지배주주인 임원에게 정당한 사유없이 다른 임원에 비해 초과하여 지급한 보수는 손금불산입

즉 정관, 주주총회, 이사회 결의로 결정된 급여지급기준 내의 급여 등은 임원보수로 비용처리가 가능하나, 지배주주인 임원에게 정당한 사유없이 다른 임원에 비해 초과 지급한 보수는 손금불산입됨을 유의하여야 한다.

1) 임원보수의 손금산입 요건

임원보수는 정관에 지급하는 근거규정을 마련하거나 위임범위를 정하고 총보수한도를 규정해야 한다. 반드시 지급하는 보수총액이 세법상 한도를 초과하지 않도록 한다.

정관에서 위임을 한 경우 주주총회 결의를 통해 임원보수 지급규정을 개별적이고 구체적인 기준으로 설정해야 한다. 이사회 결의를 통해 매년 지급되는 보수가 회사의 경영성과와 비례할 수 있는 합리적이고 객관적인 지급기준을 마련하여 임원보수를 결정하고 집행해야 한다.

2) 특정임원을 위한 보수규정은 소용없다

보수에 관해 정관에 규정을 두거나 구체적인 위임규정을 마련하더라고 반드시 주의해야 할 사항이 있다. 지배주주등의 특정한 임원만을 위한 규정은 아닌지, 회사의 재무상태나 영업이익에 비해 과다한 금액이 지급되는 것은 아닌지, 동종의 회사와 비교하여 현저하게 많은 금액은 아닌지, 법인세를 줄이기 위한 목적은 없는지 등을 세밀하게 검토해야 한다.

보수지급기준의 산정근거 없이 지급되는 거액의 상여금은 실질적인 이익처분이므로, 법인의 비용으로 인정되지 아니한다.

세무당국은 형식을 잘 갖추었으나 보수의 실질적인 측면이 형평에 맞는지, 세금을 면탈하기 위한 목적은 없는지를 자세히 들여다 보기 때문이다

3) 비상근임원에게 지급하는 보수의 실질판단

상근이 아닌 비상근임원에게 지급하는 보수는 원칙적으로 손금에 산입하며, 사외이사의 경우 비상근임원에 해당된다. 법인세법상 부당행위부인에 해당하는 경우에는 손금에 산입하지 아니한다. 비상근임원에 대한 급여의 비용처리 여부는 법인의 규모와 업태, 영업내용, 담당업무내용과 실제로 근로용역을 제공하였는지 여부 등을 종합하여 판단해야 한다.

명목상 임원으로 등재하여 실질적인 업무없이 허위로 지급되는 급여는 손금불산입되고 비용으로 인정되지 아니한다.

2 세법상 임원퇴직금의 비용인정은 매섭다

법인의 임원퇴직급여 중 정관에 퇴직급여(퇴직위로금 등 포함)액이 정해진 경우에는 정관에 기재된 금액을 손금산입한다. 정관에 퇴직급여액이 없는 경우에는 임원이 퇴직한 날부터 소급하여 1년 동안 해당 임원에게 지급한 총급여액(비과세 제외하고, 손금불산입 상여금 제외)의 10분의 1에 상당하는 금액에 근속연수를 곱한 금액을 손금산입 한다.

[세법상 퇴직금 한도]

> 임원이 퇴직하는 날부터 소급하여 1년 동안 해당 임원에게 지급한 총급여액
> (비과세소득, 손금불산입 상여 제외)×1/10×근속연수

퇴직급여규정이 불특정다수를 대상으로 지급배율을 정하지 아니하고 개인별로 지급배율을 정하는 경우, 정관에 위임된 퇴직급여규정으로 보지 아니한다.

특정임원에게만 퇴직금 지급배율을 차별적으로 높게 책정하는 경우에는 부당행위계산부인규정을 적용한다.

임원퇴직금을 정관에 정하지 아니하고 주주총회의 결의에 의해 지급하는 경우에는 정관에 퇴직급여로 지급할 금액이 정해진 것으로 보지 아니한다. 그리고 임원퇴직급여를 정관의 위임규정 없이 이사회결의로 퇴직급여를 지급하는 경우 정관에 퇴직급여로 지급할 금액이 정해진 것으로 보지 아니한다.

또한 임원퇴직급여규정이 실질적인 임원의 근로대가에 대한 퇴직급여가 아니라 퇴직급여의 형식을 통해 특정 임원에게 법인의 이익을 분여하기 위한 경우는 임원퇴직급여규정으로 보지 아니한다.

1) 임원퇴직금 손금산입 요건

정관에 정한 퇴직금액이 있거나 정관에 위임된 규정은 정관자체에 퇴직금 범위에 대한 기본적인 사항이 제시되어 있고 보다 구체적이고 세부적인 사항을 정한 퇴직금규정으로 부당행위요소가 없어야 한다.

퇴직금의 지급은 현실적인 퇴직을 이유로 실제로 일시금으로 지급되어야 한다.

거액의 퇴직금에 대해 회사재원이 부족하다는 이유로 임원과 분할지급을 합의하는 경우에도 퇴직금을 일시금으로 지급하는 것이 아니므로 현실적인 퇴직으로 보지 아니한다.

임원에게 일시금으로 퇴직금을 지급하여야만 법인의 비용으로 인정받을 수 있다.

임원에게 지급하는 퇴직금이 현실적인 퇴직으로 인정되지 아니하는 경우 현실적으로 퇴직할 때까지 이를 업무와 무관한 자금의 대여, 즉 업무무관가지급금으로 본다.

2) 세무당국은 법적요건을 충족해도 퇴직금의 성격을 분석한다

법적요건을 충족한 정관규정이 특정임원만을 위한 규정이 되어서는 아니되며, 법인세를 감소시키기 위한 방편이 되어서는 퇴직금으로 인정받지 못한다.

정관규정 등이 상법상 정해진 절차를 적법하게 준수했는지를 검토하며 해태한 경우 정관 자체를 인정하지 아니할 수 있다. 임원이 지급받은 퇴직금액이 명분만 갖추고 회사에 실질적인 성과와 관계가 없는 경우 퇴직금으로 처리하기 어려울 수 있다.

세무당국은 정관 등의 형식적인 요건 뿐만 아니라 퇴직금의 실질적인 성격까지 분석하고 있음에 유의하여야 한다.

3) 2020년 소득세법 제22조 개정으로 2배수 퇴직금 한도

2020년부터 설정되는 임원퇴직금의 한도는 3배수에서 2배수로 축소되어 2배수까지만 퇴직소득으로 인정된다. 2012년 1월 1일 이후부터 2019년 12월 31일까지 적립된 퇴직소득에 대해서는 3배수까지 퇴직소득으로 인정하며 3배수를 초과하는 금액은 퇴직소득이 아니라 근로소득으로 보아 근로소득세를 과세한다.

퇴직금 인정범위는 다음을 합산한 금액이다.

· 2011년 12월 31일 퇴직을 가정한 퇴직소득금액

$$+\ \text{· 퇴직직전 3년간 지급받은 총급여액의 연평균환산액} \times \frac{1}{10} \times \frac{\text{2012년 1월 1일 이후의 근무기간}}{12} \times 3$$

$$+\ \text{· 퇴직직전(20년이후) 3년간 지급받은 총급여액의 연평균환산액} \times \frac{1}{10} \times \frac{\text{2020년 1월 1일 이후의 근무기간}}{12} \times 2$$

3 임원퇴직금을 보험금으로 지급하는 경우

법인이 계약자 및 수익자를 법인으로, 임원을 피보험자로 하는 보험('저축성보험')에 가입하고, 임원퇴직 시 저축성보험의 계약자 및 수익자를 법인에서 피보험자(퇴직임원)로 변경하는 경우 법인이 부담한 저축성보험(임원퇴직 당시 저축성보험의 평가액)은 퇴직임원의 퇴직소득에 해당된다.

다만, 저축성보험의 평가액을 포함한 임원의 퇴직소득이 과도하여 '부당행위계산의 부인' 규정이 적용되지 않는 범위 내에서만 퇴직소득에 해당하며, 이를 초과하는 금액은 근로소득에 해당한다.

4. 이사회의 신속성

이사회는 주주총회에 비하여 소집절차가 용이하므로, 회사운영의 적시성을 위하여 이사회를 적극 활용하면 법인 경영의 효율성을 도모할 수 있다.

1 이사회란?

이사회는 회사의 업무집행관련 의사결정기관이다. 상법은 주주총회의 권한을 법률이나 정관에 규정해 놓은 것으로 한정하고 이사회의 권한을 포괄적으로 인정한다. 즉 법률이나 정관에 규정한 것을 제외하고는 원칙적으로 이사회의 권한에 포함된다.

2 이사회 소집

이사회를 소집하는 경우 회일을 정하고 그 1주일 전에 각 이사 및 감사에 대해 통지를 발송한다. 그러나 그 기간은 정관으로 단축할 수 있으며, 이사 및 감사 전원의 동의가 있는 때에는 소집통지의 절차 없이 언제든지 회의할 수 있다.

3 이사회 결의 요건

이사 과반수의 출석과 출석이사의 과반수이나, 정관으로 그 비율을 높게 정할 수 있다.

4 이사회 고유의 결의사항

- 사채발행, 주식양도, 주식매수선택권의 취소
- 자기주식 처분
- 회사의 중요한 자산 처분 및 양도, 대규모 재산의 차입
- 지배인의 선임 및 해임, 지점의 설치, 이전, 폐지
- 이사의 직무집행 감독
- 주주총회 소집권, 이사회 소집권자의 특정
- 이사와 회사 간의 거래승인, 이사의 경업거래 승인
- 중간배당
- 간이합병, 소규모 합병의 합병계약서 승인
- 간이주식교환, 소규모주식교환

5 이사회 결의사항이나 주주총회 결의사항으로 할 수 있는 경우

- 대표이사의 선임, 공동대표의 선임
- 신주발행, 준비금의 자본전입
- 전환사채의 발행, 신주인수권부사채의 발행

6 이사회 의사록

이사회의 의사록을 작성하여야 하며 이사회 의사록에는 의사의 안건, 경과요령, 그 결과, 반대하는 자와 그 반대 이유를 기재하고 출석한 이사 및 감사가 기명날인 또는 서명해야 한다.

7 감사의 이사회 출석 및 의견진술권

감사는 이사회에 출석하여 의견을 진술할 수 있다. 이사가 법령 또는 정관에 위반한 행위를 하거나 그 행위를 할 염려가 있다고 인정한 때에는 이사회에 이를 보고해야 한다.

5. 국세청은 주주총회의 흠결도 들여다본다!

1 주주총회 절차의 중요성

주주총회는 회사의 기본적인 의사를 결정하는 최고기관으로서, 법령이나 정관에 정해진 사항에 한해 결의할 수 있다.

주요한 회사운영과 관련된 예컨대 배당결의, 퇴직금지급, 주식양수도 등의 회사의 주요한 사항을 결정하고 집행하는 기관이 주주총회이다.

절세를 위해 세법상의 다양한 규제요건을 갖추어도 주주총회의 소집, 주주총회의사록 등의 상법상의 절차에 하자가 있는 경우 회사결정의 무효를 주장할 수 있어 상당히 중요한 절차이다. 절차상의 흠결이 발생하는 경우, 결국 세무상의 부당행위 문제까지 연계되므로 필요한 절차를 엄격히 준수해야 한다.

주식의 소유가 실질적으로 분산되어 있는 경우 실제의 소집절차와 결의절차를 거치지 아니하고 주주총회의 결의가 있었던 것처럼 주주총회의사록을 허위로 작성한 경우에는 결의가 존재한다고 볼 수 없을 정도의 중대한 하자로 보아 주주총회의 결의가 부존재하다고 보는 경우도 있다.

이처럼 주주총회의 절차에 흠결이 있는 경우에는 총회의 결의가 없는 것으로 보아, 규정 자체가 무효가 될 수 있으므로 주주총회의 절차를 반드시 준수하고 실질적인 주주총회를 개최해야 한다. 그리고 절차상의 하자는 세무상의 문제로 확장되고 주총을 통한 회사의 의사결정행위에 문제가 발생하여 세금을 추징당하는 경우가 발생할 수 있음을 인지해야 한다.

2 주주총회 소집

주주총회의 소집은 이사회, 청산인회, 3% 이상의 소수주주, 감사, 법원의 명령으로 법정된 소집권자가 할 수 있다. 주주총회는 크게 정기총회와 임시총회로 나누어진다.

정기총회는 매년 1회 일정한 시기에 이를 소집하여야 하며, 연 2회 이상의 결산시를 정한 회사는 매기에 정기총회를 소집해야 한다. 임시총회는 회사에서 필요한 경우 수시로 소집한다.

주주총회는 상법에 다른 규정이 있는 경우 외에는 이사회가 이를 결정한다.

주주총회 2주일 전에 각 주주에게 서면으로 통지를 발송하거나 각 주주의 동의를 받아 전자전문으로 통지를 발송해야 하며, 통지서에는 회의의 목적사항을 적어야 한다.

자본금 총액이 10억 원 미만인 회사가 주주총회를 소집하는 경우에는 주주총회일의 10일 전에 각 주주에게 서면으로 통지를 발송하거나 각 주주의 동의를 받아 전자전문으로 통지를 발송할 수 있으며, 주주 전원의 동의가 있는 경우 소집절차 없이 주주총회를 개최할 수 있고 서면에 의한 결의로써 주주총회의 결의를 갈음할 수 있다.

3 주주총회의 절차

주주총회의 실제의 결의절차를 거치지 아니하고 주주총회의 결의가 있었던 것처럼 주주총회의사록을 허위로 작성한 경우에는 결의가 존재한다고 볼 수 없 을 정도의 중대한 하자로 보아 주주총회의 결의가 부존재하다고 보는 경우도 있다.

반드시 적법한 상법상 주주총회의 절차를 거쳐야 한다. 절차상 필요한 서류를 반드시 구비하여 추후 국세청에서 소명을 요구하는 경우 관련 서류를 제출해야 한다.

[주주총회 진행 과정]

주주총회를 위한 내부품의

- 주주총회의 소집시기, 소집지, 소집절차, 안건 등을 위한 내부품의

이사회 소집통지(회일의 1주일 전)

- 이사회를 위한 회의일자를 정하고 그 1주일 전에 각 이사 및 감사에 대해 통지를 발송하며 정관으로 그 기간을 단축할 수 있다.
- 이사 및 감사 전원의 동의가 있는 때에는 소집절차의 생략이 가능하다.

이사회의사록 작성

- 이사회의사록에는 의사의 안건, 경과요령, 결의내용을 기재하고 출석한 이사 및 감사의 기명날인 또는 서명을 해야 한다.
- 주주는 영업시간 내에 이사회의사록의 열람 또는 등사를 청구할 수 있다.

주주총회 소집통지(회일의 2주일 전)

- 주주총회를 소집할 때에는 주주총회의 2주일 전에 각 주주에게 서면으로 통지를 발송하거나 각 주주의 동의를 받아 전자문서로 통지를 발송해야 한다. 통지서에는 회의의 목적사항을 기재해야 한다.
- 자본금 총액이 10억 원 미만인 회사는 주주총회일의 10일 전에 각 주주에게 서면으로 통지를 발송하거나 각 주주의 동의를 받아 전자문서로 통지를 발송할 수 있다.
- 자본금 총액이 10억 원 미만인 회사는 주주 전원의 동의가 있는 경우 소집절차 생략이 가능하고 서면에 의한 결의로써 주주총회의 결의를 갈음할 수 있다. 이 경우 결의의 목적사항에 대해 주주 전원이 서면으로 동의를 한 때에는 서면에 의한 결의가 있는 것으로 본다.

주주총회의사록 작성

- 주주총회의사록에는 의사의 경과요령과 그 결과를 기재하고, 의장과 출석한 이사가 기명날인 또는 서명을 해야 한다.
- 주주총회의 의사록은 본점과 지점에 비치해야 한다.
- 주주총회의 결의는 결의할 때 효력이 발생한다.

공증

- 주주총회의사록을 작성하지 아니하였다 하여 결의의 효력에 영향을 미치는 것은 아니다.
- 주주총회 결의의 존재에 대한 증거를 강화하기 위해 공증이 필요하다.

4 자본금 10억 원 미만인 회사의 특징

1) 1인 이사 또는 2인 이사

회사 설립 시 이사의 수는 3인 이상이어야 한다. 다만, 자본금 총액이 10억 원 미만인 회사는 1명 또는 2명으로 할 수 있고, 정관 규정으로 이사의 수를 지정하는 경우에는 그 수에 따라야 한다. 이사는 상법상 기관인 이사회의 구성원이 되는 자이다.

이사가 1명 또는 2명인 경우 이사회를 구성하지 못하므로 이사회에 관한 규정은 적용되지 아니한다. 상법에서 정하는 사항에 한하여 각 이사(정관에 따라 대표이사를 정한 경우에는 그 대표이사)가 회사를 대표한다.

2) 감사가 없어도 된다

주식회사의 감사는 회계 및 업무를 감사하는 상설기관이나 자본금이 10억 원 미만인 경우에는 감사를 선임하지 아니할 수 있다.

감사는 주주총회에서 보통결의로 선임한다. 이 경우 의결권 없는 주식을 제외한 발행주식 총수의 3/100을 초과하는 주식을 가진 주주는 그 초과하는 주식에 대한 감사의 선임에 있어 의결권을 행사하지 못한다. 감사는 회사 및 자회사의 이사 또는 지배인 기타의 사용인의 직무를 겸하지 못하며, 회사의 직원은 감사를 겸임할 수 없다.

주주총회에서 감사를 선임하는 것이 원칙이나 자본금 총액이 10억 원 미만인 회사는 감사를 선임하지 아니할 수 있다.

6. 주주총회 & 보통결의 & 특별결의

1 주주총회의 의의

주주총회는 주식회사의 최고의사결정기관으로, 중요한 사항에 대해서 의사결정을 하는 회의체 형식의 기관을 말한다. 총회에는 결산기마다 정기적으로 개최하는 정기총회와 필요에 따라 수시로 개최하는 임시총회가 있다.

주주는 자신의 보유주식 1주당 1개의 의결권을 가지며, 주주총회에서의 의결권행사를 통해 회사의 경영에 참여하게 된다. 주주총회는 원칙적으로는 이사회에서 소집을 결정하지만, 주식발행총수의 3% 이상을 소유하고 있는 주주도 서면을 통해 주주총회의 소집을 청구할 수가 있다.

주주총회 결의는 크게 보통결의와 특별결의로 나누어진다. 보통결의가 원칙이며, 상법에 규정이 있는 경우에만 특별결의를 한다.

보통결의는 정관에 따른 정함이 있는 경우를 제외하고는 출석한 주주의 의결권의 과반수와 발행주식총수의 4분의 1 이상의 수로써 결의한다.

특별결의는 출석한 주주의 의결권의 3분의 2 이상의 수와 발행주식총수의 3분의 1 이상의 수로써 결의한다.

2 보통결의

보통결의는 출석한 주주의 의결권의 과반수와 발행주식총수의 1/4 이상의 수로 하는 결의를 말한다. 상법은 보통결의가 원칙이므로 정관의 규정에 의해 주주총회의 결의사항으로 한 것은 보통결의사항이다.

- 이사, 감사, 청산인의 선임, 보수결정
- 주주총회의 의장의 선임
- 자기주식의 취득결의, 지배주주의 매도청구권
- 결손보전을 위한 자본금의 감소, 법정준비금의 감소
- 재무재표의 승인, 이익의 배당, 주식배당
- 검사인의 선임, 청산인의 해임, 청산종료의 승인

3 특별결의

특별결의는 출석한 주주의 의결권의 2/3 이상의 수와 발행주식총수의 1/3 이상의 수로 결의한다.

- 정관의 변경
- 영업의 전부 또는 중요한 일부의 양도, 영업 전부의 임대 또는 경영위임
- 회사의 영업에 중대한 영향을 미치는 다른 회사의 영업 전부 또는 일부의 양수
- 주식매수선택권의 부여

- 이사 또는 감사의 해임
- 자본금의 감소, 합병 및 분할, 사후설립, 임의해산
- 주주 외의 자에 대한 전환사채 및 신주인수권부사채의 발행
- 주식의 포괄적 교환 주식의 포괄적 이전, 주식분할, 주식의 할인 발행

7. 국세청시스템은 돈의 흐름을 알고 있다!

국세청은 종전까지 수동으로 자료를 분석하여 세원을 관리하였다. 세원 간의 연계가 이루어지지 못하고 평면적인 관리만 가능할 뿐이었다. 그러나 1997년부터 시작된 국세행정의 전산화시스템에 의해 국세청 과세 인프라가 구축되고 총체적인 입장에서의 세원관리가 가능해졌다.

신고 자료와 세원관리가 모두 전산화되어 세원 간의 연계가 가능해짐으로써 입체적인 관점에서 납세자의 신고내역과 각종의 세무자료를 들여다 볼 수 있게 된 것이다.

따라서 국세행정 전산화를 통해 다각도의 세원자료 분석과 특이항목의 추출이 용이해졌다.

지금까지 신고한 추세를 분석하고 신고한 소득금액과 소비지출한 금액 및 증가한 부동산의 내역을 검토할 수 있다. 모든 자료를 전산화하여 관리하는 국세청 과세 인프라를 통해 종합적인 세원관리와 성실도 분석이 가능해진 것이다.

1 소득-지출 분석 시스템 (PCI 분석 시스템: Property, Consumption and Income Analysis System)

재산증가액+소비지출액-신고소득금액=?

신고한 소득금액을 초과하여 해외여행 등의 과도한 소비지출과 주식 및 부동산 그리고 골프회원권 등을 취득하는 경우 그 초과분에 대해 의구심을 가진다. 탈루한 소득이 결국에는 소비와 자산의 취득으로 이어진다는 점에 포인트를 두어 소득-지출 분석 시스템을 개발하여 획기적인 성과를 내고 있다.

또한 자력으로는 취득하기 어려운 부동산 · 주식 등이 자녀의 명의로 거래되는 경우 자금출처에 대한 소명까지 이루어져 조사가 확대되고 있다. 국세청은 신고한 소득금액을 초과한 소비지출과 재산 증가가 있는 사업자를 우선적으로 주시하고 있다.

2 국세통합 시스템(TIS: Tax Interrated System)

1997년에 개통된 TIS는 사업자등록번호나 개인의 주민등록번호만 조회하여도 기업과 개인의 모든 소득과 자산내역을 한눈에 알 수 있는 전산시스템이다.

행정력의 부족으로 누락되거나 찾아내지 못했던 과세자료가 전산시스템을 통해 자동집계됨으로써 보다 효율적이고 체계적인 세원관리가 가능해졌다.

3 과세정보관리체계 (TIMS: Tax Information Management System)

2003년에 만들어진 TIMS는 TIS에서 축적된 세원정보를 이용하여 여러 가지 다양한 형태의 검색이 가능하다. 이를 토대로 정보 간의 유기적인 상호 연관성을 분석하여 보다 입체적인 측면에서 세금탈루자와 세무조사대상자의 선정이 가능해졌다. 가장 기본이 되는 세원정보의 자료가 축적되는 데이터베이스라 볼 수 있다.

4 신고 성실도 전산평가 시스템 (CAF: Compliance Analysis Function)

TIS에서 구축된 각종 세금신고 내용과 과세정보를 토대로 신고 성실도를 분석하는 시스템이다. TIS 분석결과 신고 성실도가 낮게 평가된 사업자를 조사대상으로 선정할 수 있으며, 정기 조사대상자를 선정할 때 많이 이용되고 있다. 특히 고소득 전문직을 조사대상자로 선정할 때 적극 활용되고 있다.

동종 업종의 매출내역과 신고 소득률 및 각종 비용계정과 매입자료 등에 대한 평균자료를 근간으로 신고 성실도를 파악하여 성실신고 안내문 등을 발송하는 데 큰 역할을 하고 있다.

5 금융정보 분석원 (FIU: Financial Intelligence Unit)

금융기관은 동일인 명의로 이루어지는 계좌이체 중에서 의심거래 보고제도(STR: Suspicious Transaction Report)와 하루 동안 누적되는 거래금액이 2천만 원 이상의 고액현금거래에 대해 반드시 금융정보 분석원에 보고하여야 한다.

이러한 보고를 받은 FIU는 금융정보의 흐름에 탈세 등의 비정상적인 징후가 감지되는 경우 검찰청과 국세청 등에 자료를 통보하고 있다.

이렇게 누적된 금융거래 내역 등의 자료들이 향후 세무조사가 이루어질 때 중요한 자료로 활용되고 있다.

6 고액재산가의 엄격한 사후관리

상속세를 신고한 상속재산가액이 30억 원 이상인 경우로서 상속 개시일부터 5년이 되는 날까지의 기간 이내에 상속인이 보유한 부동산, 주식, 주요한 재산가액이 상속개시에 비해 크게 상승하는 경우 상속세 신고내역에 탈루 등이 있는지를 조사한다.

상속재산이 30억 원 이상인 경우 상속조사가 끝났더라도 상속받은 재산의 처분이나 재분배에 대해 주의해야 한다.

7 거액의 보상금 움직임을 주시한다

국세청은 다양한 과세자료를 수집하고 전산화하여 인별 관리를 한다. 특히 거액의 토지보상금 등을 수령한 경우 일정기간 동안 재산의 변동상황을 사후 관리한다.

본인뿐만 아니라 배우자, 자녀 등의 특수관계에 있는 사람들의 재산현황도 함께 파악하여 보상금을 수령한 사람의 재산이 특별한 이유 없이 감소하거나 그의 배우자나 자녀들의 재산이 증가하는 경우 취득자금의 출처를 설명해 달라고 요청한다.

보상금의 사용처에 대해 설명할 수 있는 근거자료를 잘 보관하고, 재산이 증가한 가족들은 취득자금에 대해 제시할 수 있는 증빙을 갖추어야 한다.

이때 소명이 부족한 경우 증여받은 것으로 보아 증여세가 과세될 수 있기 때문이다.

8. 기업의 세무조사 Process

기업을 경영하는 CEO들은 세무조사가 어떻게 시작되고 진행되며 종결되는지, 세무 조사의 전체적인 과정에 대해 궁금해 한다. 세무조사를 받은 법인대표들에게 물어보아도 중구난방의 답만 얻을 뿐이다.

일목요연하게 한눈에 알 수 있는 세무조사 프로세스는 없을까?

[세무조사 BEFORE]
납세자의 권리보호와 세무조사에 대한 사전준비

① 조사개시 15일 전까지 [세무조사 사전통지]
② 조사개시 전 [세무조사 오리엔테이션] 실시
③ 조사연기 및 조사장소 변경, 조사 유예신청
④ 납세자보호담당관에게 상담요청

▼

[세무조사 START & 세무조사 ING]
납세자의 권익은 최대한 보호하고 납세자의 불편은 최소화

① 납세자권리헌장의 설명과 청렴서약서 작성
② 세무대리인의 조력
③ 세무조사실시
④ 납세자권리의 부당 침해 시 납세자보호담당관에게 권리보호요청

▼

[세무조사 CLOSING]
자금압박해소를 위한 징수유예운영

① 조사 종료 20일 이내에 [세무조사 결과통지]
② 과세예고 토지의무 & 납부할 세금과 절차 안내
③ 징수유예 신청

▼

[세무조사 AFTER]
납세고지서 받기 전 사전권리구제제도 & 납세고지서 받은 후 사후권리구제제도

① 세무조사 결과통지에 대한 이의가 있는 경우(사전권리구제제도)
[과세전적부심사청구]
② 납세고지서 받은 후 이의가 있는 경우(사후권리구제제도)
[이의신청]
[심사청구, 심판청구]
[감사원심사청구]
[행정소송]

9. 세무조사 From A To Z 알아보기

특별한 경우를 제외하고는 세무조사가 시작되어도 사전통지 없이 조사공무원이 회사에 들이닥쳐서 납세자를 궁지로 몰아넣는 것은 아니다. 그렇다면 어떤 과정을 거쳐 세무조사가 진행되고 마무리가 되는 것일까?

세무조사 결과를 인정할 수 없을 때, 법인의 입장을 세무서에 어떻게 전달할 수 있는지도 궁금하다.

세무조사의 전반적인 process는 다음과 같다.

1 세무조사 사전통지

조사공무원은 세무조사(「조세범 처벌절차법」에 따른 조세범칙조사는 제외)를 하는 경우에는 조사받을 납세자(납세자가 납세관리인을 정하여 관할 세무서장에게 신고하는 경우에는 납세관리인을 말한다)에게 조사개시 15일 전에 세무조사 사전통지를 보낸다.

세무조사 사전통지에는 조사대상 세목, 조사대상 과세기간, 조사기간, 조사사유, 조사제외 대상과 부분세무조사의 경우 부분세무조사의 범위 등이 기재되어 있다.

다만, 범칙사건을 조사하거나 사전 통지를 하는 경우 증거인멸 등으로 조사목적을 달성할 수 없다고 인정되는 경우에는 사전조사 사실을 통지하지 않는다. 그리고 폐업, 납세관리인 없이 국내에 주소 등을 두지 않는 경우, 세무조사통지서 수령을 회피하거나 거부하는 경우에는 세무조사 통지서교부를 생략할 수 있다.

다만, 사전통지 생략 후 세무조사를 착수하는 경우, 세무조사 사전통지 항목 및 사전통지 생략사유를 기재한 세무조사 통지서를 교부해야 한다.

2 조사대상자 선정방법

과세관청은 크게 정기선정대상자와 수시선정대상자로 세무조사대상자를 나누고 과세표준 확정을 위한 결정조사대상자를 두고 있다. 업종별 신고 성실도와 계층별, 유형별, 지역별 세부담 형평 등과 구조적인 문제점을 감안하여 적정조사비율을 산정할 수 있다.

3 세무조사 오리엔테이션

사전통지를 받은 날부터 조사개시 전날까지 조사관서에 전화, 팩스 등으로 세무조사 오리엔테이션을 신청할 수 있다.

조사대상 선정사유, 조사진행 절차, 납세자의 권리, 사전에 준비하여야 할 사항에 대한 안내를 받을 수 있다. 그리고 세무조사와 관련하여 궁금한 사항에 대해 설명을 요청할 수 있다.

4 세무조사의 연기신청

세무조사 사전통지를 받은 납세자는 조사개시 예정일 2일 전까지 다음의 사유로 인해서 조사를 받기 곤란한 경우에는 세무조사연기신청서를 제출할 수 있다.

- 천재지변, 화재 기타 재해로 사업상 심한 어려움이 있을 때
- 납세자 또는 납세관리인의 질병, 장기출장 등으로 세무조사가 곤란하다고 판단될 때
- 권한이 있는 기관에 장부, 증빙서류가 압수 영치된 때
- 기타의 사유에 준하는 때

이러한 세무조사의 연기신청을 받은 조사공무원은 연기신청 승인 여부를 결정하고, 그 결과를 세무조사개시 전까지 통지하여야 한다.

5 세무조사 장소 변경

세무조사는 원칙적으로 사업장에서 실시되어야 하지만, 사업장에서 세무조사를 받지 못하는 부득이한 사유가 발생하는 경우 사전통지를 받은 날부터 조사개시 전날까지 조사관서 사무실, 조사에 적합한 그 밖의 장소에서 조사를 받을 수 있다.

조사개시 예정일 2일 전까지 [사업장 이외의 세무조사 장소 신청서]를 조사관서로 제출하면 조사장소 변경여부를 조사개시 전까지 결정하여 통보한다.

6 세무조사 유예신청(일자리 창출 중소기업)

세무조사 사전통지를 받은 기업으로, 다음의 요건에 해당하는 중소기업은 세무조사 개시 3일 전까지 조사관서에 [세무조사 유예신청서]를 작성하여 제출하면 조사개시 전까지 유예 여부를 결정하여 통지한다.

- 해당 기업: 일자리 창출 중소기업(17. 12. 31.까지/지방소재 18. 12. 31.까지)

15년 대비 16년 상시근로자가 2%(최소 1명) 이상 증가했거나 증가시킬 계획이 있는 중소기업

다만, 다음의 경우는 유예대상에서 제외될 수 있다.

- 국세부과 제척기간 만료가 임박한 경우
- 조세채권 확보가 시급한 경우
- 탈세제보 등 구체적인 탈루혐의가 있는 경우
- 고용증대 실현 가능성이 낮은 경우 등

세무조사 유예기간 중이라도 가산세 부담 등의 사유로 먼저 조사받기를 원하는 경우에는 조사유예 철회를 신청하면 즉시 조사받을 수 있다.

7 조사공무원의 신분증 확인 및 납세자권리헌장과 청렴서약서 · 납세자보호위원회 고지

조사가 시작되면 조사공무원의 조사원증과 공무원증을 반드시 제시하도록 요구하여 신분을 확인한다.

조사공무원이 낭독하는 납세자권리헌장에 대해 상세한 설명을 경청한다. 그리고 공정하고 청렴한 세무조사 환경을 위하여 조사공무원과 함께 청렴서약서를 작성한다. 또한 납세자의 권익보호를 위한 납세자보호위원회가 있음을 설명하고 위원회에 청구할 수 있는 사항과 절차를 고지한다.

8 납세자의 성실성 추정

조사공무원은 다음의 경우(수시선정에 따른 조사사유)를 제외하고는, 납세자가 성실하며 납세자가 제출한 신고서 등이 진실한 것으로 추정하여야 한다.

- 납세자가 세법이 정하는 신고, 성실신고확인서의 제출, 세금계산서의 작성교부, 지급조서의 작성, 제출 등의 납세협력의무를 이행하지 아니한 경우
- 무자료거래, 위장가공거래 등 거래내용이 사실과 다른 혐의가 있는 경우
- 납세자에 대한 구체적인 탈세제보가 있는 경우
- 신고내용에 탈루나 오류의 혐의를 인정할 만한 명백한 자료가 있는

경우

- 성실도 분석결과 불성실 혐의가 있다고 인정되는 경우

위의 사항에 해당하는 경우에는 우선적으로 세무조사대상으로 선정할 수 있으며, 위의 사항에 대해 제출한 신고서들에 대해 세무조사를 할 수 있다.

9 납세자의 성실협력

납세자는 조사공무원의 적법한 질문, 조사, 자료제출 명령에 대하여 성실하게 협력해야 한다.

또한 조사공무원의 질문 조사 또는 장부, 서류 등의 제출 요구에 거짓으로 진술하거나 거부 또는 기피하는 경우 2천만 원 이하의 과태료가 부과될 수 있다.

10 세무조사권 남용 금지 및 중복조사 금지

조사공무원은 적정하고 공평한 과세의 실현을 위해 필요한 최소한의 범위 안에서 세무조사를 해야 하며, 다른 목적들을 위해 조사권을 남용해서는 아니 된다.

또한 누구든지 조사공무원으로 하여금 법령을 위반하게 하거나 지위 또는 권한을 남용하게 하는 등 공정한 세무조사를 저해하는 행위를 하여서는 아니 된다.

같은 세목 및 같은 과세기간에 대해 조사 착수한 후에도 중복조사

사실이 확인되는 경우에는 즉시 조사 철회 및 조사반 철수 등 필요한 조치를 해야 한다. 같은 세목 및 같은 과세기간에 대해 재조사를 할 수 없는 것을 '중복조사의 금지' 또는 '1회 조사의 원칙'이라고 한다.

다음의 경우를 제외하고 같은 세목 및 같은 과세기간에 대해 경정 또는 재조사를 할 수 없다.

- 부분조사 후 부분조사에 포함되지 않은 부분에 대한 조사가 있는 경우
- 조세탈루 혐의를 인정할 만한 명백한 자료가 있는 경우
- 거래상대방에 대한 조사가 필요한 경우
- 2 이상의 과세기간과 관련하여 잘못이 있는 경우
- 불복청구의 인용결정 중 필요한 처분의 결정에 따라 조사를 하는 경우, 과세전적부심사 청구의 대상이 되는 통지 내용의 적법성에 관하여 재조사하여 그 결과에 따라 당초 통지 내용을 수정하거나 유지하는 등의 통지를 하도록 하는 재조사 결정에 따라 조사를 하는 경우
- 납세자가 세무공무원에게 직무와 관련하여 금품을 제공하거나 금품제공을 알선한 경우
- 부동산 투기, 무자료거래 등 경제 질서 교란 등을 통한 탈세혐의가 있는 자에 대해 일제 조사를 하는 경우
- 각종 과세자료의 처리를 위한 재조사나 국세 환급금의 결정을 위한 확인조사 등을 하는 경우
- 「조세범 처벌절차법(제2조)」에 따른 조세범칙행위의 혐의를 인정

할 만한 명백한 자료가 있는 경우

중복조사의 금지원칙은 적법한 방법이 아닌 조사편의를 위해 조사권이 남용되는 경우가 없도록 해야 한다는 것이다. 이는 세무조사의 합리화를 도모하고 세무조사의 최소화를 통하여 과세관청의 신뢰성을 마련하기 위함이다.

그리고 과세관청은 조사공무원의 조사권 남용방지를 위해 조사관리 및 감독에 관한 책임자를 명확히 규정하고 있으며, 관리감독을 소홀히 하는 관리자에 대해 합리적인 조치를 취하고 있다.

조사권이 남용되는 사례

- 일반조사를 하면서 임의로 조사관련 장부 및 서류 등을 압수수색하는 경우
- 승인절차 없이 임의로 조사기간 연장을 하는 경우
- 임의로 조사대상 과세기간의 확대 또는 거래처를 현지 확인하는 경우
- 거래처 등에 대한 조사를 실시하면서 조사대상자 선정
- 전산입력, 조사통지 등 제반 조사절차를 준수하지 아니하고 조사를 실시하는 경우
- 세무조사를 실시하면서 납세자의 권리를 부당하게 침해하는 경우 등

또한 세무조사의 중복조사 방지를 위하여 조사관서장은 세무조사의 이력과 조사대상자 선정내역 등을 전산에 입력하여 관리하고 있

다. 그리고 부분조사를 실시한 납세자에 대해 전부조사를 실시하는 경우는 부분조사를 받은 부분에 대해 이미 조사한 것으로 본다.

이러한 규정을 통해 조사관서장은 세무조사라는 국민의 재산권침해에 대한 성격을 고려하고, 납세자의 권익을 최대한 보장하기 위하여 중복조사에 대해 엄격히 제한하며 관리하고 있다.

세무조사에서 조력을 받을 권리

납세자의 범칙사건조사, 소득세 등 결정 또는 경정을 위한 조사, 상속세 및 증여세 조사 등의 부과처분을 위한 실질조사를 받는 경우에는 세무사 등의 세무대리인으로 하여금 조사에 입회하거나 의견을 진술하게 할 수 있다.

이 경우 납세자를 배제한 채 세무대리인이 세무조사를 포괄적으로 대신 받는 것까지 허용하는 것은 아니다. 따라서 납세자의 진술 없이 세무대리인의 진술만으로 부과처분 등을 할 경우 세무대리인 진술의 증거능력에 문제가 발생할 소지가 있다.

특히 조세범칙조사의 경우 조세법 위반자인 납세자의 진술을 받지 아니하고 세무대리인의 진술만으로 납세자를 처벌할 수 없다.

11 장부 및 증명서류의 최소화

세무조사는 각 세법에서 규정하고 있는 질문조사권에 의해 실시하며, 조사공무원의 질문조사권은 조사에 필요한 범위 안에서만 행사하고 있다. 그리고 조사목적과 관련 없는 질문이나 조사는 하지 않으며,

세무조사와 직접 관련 없는 자료(조사대상 세목, 과세기간의 과세표준세액 · 세액의 계산과 관련이 없는 자료)의 제출요구를 금지한다. 또한 자료제출 요구사항의 목록을 작성 및 보관하고 동일한 자료를 중복해서 요구하지 않는다.

다만, 법령에 의해 작성 및 보관 의무가 있는 회계장부와 관련 증명서류(전산자료 포함)는 구두로 제출을 요구할 수 있다.

12 장부 및 서류 일시보관

납세자의 동의하에 세무조사기간 동안 세무조사 목적으로 납세자의 장부 및 서류 등을 일시 보관할 수 있다. 이때 장부보관과 관련하여 납세자에게 납세자의 권리보호와 관련된 사항을 사전 고지하여야 한다. 또한 납세자에게 [일시보관 서류 등의 목록]과 [일시보관증]을 교부한다. 그러나 납세자의 동의 없이 조사편의를 위하여 장부 및 서류 등을 세무관서에 임의로 보관할 수 없다. 다만, 납세자의 성실성 추정이 배제되는 사유, 즉 무신고 등 납세협력의무를 불이행한 경우, 신고내용에 탈루 · 오류의 혐의를 인정할 만한 명백한 자료가 존재하는 경우 등은 장부 등을 일시 보관할 수 있다. 또한 납세자가 임의로 제출한 장부 · 서류의 경우에도 보관할 수 있다.

그리고 조사에 지장이 없는 한 일시 보관하는 서류에 대해 납세자가 서류반환을 요청하는 경우에는 [장부 및 서류 등 반환 요청서]를 제출한다. 또한 납세자 요청일로부터 14일 이내에 반드시 반환하여야 한다. 납세자의 반환요청에 대하여 조사공무원이 반환을 하는 경우

장부 등의 사본을 보관할 수 있고, 사본이 원본과 다름없다는 사실에 대해 납세자에게 서명을 요구할 수 있다. 그리고 세무조사 종결 시에는 납세자에게 모든 장부 등을 반환해야 한다.

13 증명서류의 수취보관

납세자는 사업과 관련된 모든 거래에 관한 증명서류를 작성 또는 수취하여 신고기한이 경과한 날부터 5년간 보관하여야 한다. 그리고 자금의 입출금 거래는 금융기관을 이용하여 송금 또는 계좌 이체하는 방법을 통해 투명하게 처리하도록 한다. 이를 통하여 세무조사가 실시되는 동안 거래사실에 대한 입증을 보다 적극적으로 할 수 있다.

14 납세자의 해명기회

조사공무원은 세무조사 진행 과정에서 납세자에게 충분한 해명기회를 부여한다. [조사과장 면담 제도]를 통해 조사 관리자와 직접 소통할 수 있는 기회를 부여하고 있다. 이를 통해 조사과정에서 의문이나 애로사항이 있는 경우 담당 과장에게 면담을 신청하여 조사에 따른 어려움을 해소할 수 있다.

그리고 과세상의 쟁점에 대해 조사팀과 견해가 다른 부분이 있는 경우, 납세자의 견해가 타당한 부분은 과세처분에 반영되도록 과장이나 팀장에게 서면으로 [납세자 소명서]를 제출할 수 있다.

15 세무조사 범위 확대의 제한

세무조사는 필요한 최소한의 범위 안에서 실시하고 있다. 세무조사의 범위와 과세기간 등은 [세무조사 사전통지]에 기재하여 사전에 통지하고 있으며, 조사범위의 확대는 엄격히 통제하고 있다. 그리고 특정한 경우의 조사범위 확대는 외부 민간위원 중심으로 구성된 「납세자보호위원회」 또는 「납세자보호담당관」 등의 승인을 거쳐야 하므로 조사공무원의 조사재량권을 제한하고 있다. 또한 세무조사의 범위를 확대하는 경우에는 그 사유와 범위에 대해 납세자에게 [조사범위확대(유형전환)통지]의 문서를 전달해야 한다.

다음과 같은 사유에 해당되는 경우에는 조사범위를 확대할 수 있다.

- 다른 과세기간, 세목 또는 항목에 대한 구체적인 세금탈루 증거자료가 확인되어 다른 과세기간, 세목 또는 항목에 대한 조사가 필요한 경우
- 조사과정에서 조세범칙조사로 전환하는 경우 등
- 명백한 세금탈루 혐의 또는 세법 적용의 착오 등이 있는 조사대상 과세기간의 특정 항목이 다른 과세기간에도 있어 다른 과세기간의 조사가 필요한 경우
- 그 밖에 구체적인 세금탈루혐의가 있어 세무조사의 범위를 확대할 필요가 있는 경우

16 세무조사기간

조사관서장은 조사기간을 정함에 있어 조사대상 세목, 조사대상 업종규모 및 조사의 난이도 등을 감안하여 조사에 필요한 최소한의 기간으로 정해야 한다. 그리고 조사기간은 [세무조사 사전통지]에 기재하여 미리 통지한다. 또한 조사기간 만료 전이라도 성실신고가 확인되는 경우에는 조사를 조기에 종결할 수 있다.

세무조사는 납세자의 생활에 불편함이 없도록 납세자의 일과시간에 진행되며, 납세자가 원하거나 동의하는 경우 일과시간 이외에도 조사할 수 있다. 다만, 야간업소 또는 공휴일과 토요일에 영업을 하는 납세자의 경우에는 야간, 공휴일, 토요일에 세무조사가 가능하다.

세무조사 기간을 정할 경우 조사대상 과세기간 중 연간 수입금액이 가장 큰 과세기간의 연간 수입금액이 100억 원 미만인 납세자의 조사기간은 20일 이내로 한다.

조사기간 연장은 엄격히 제한되고 있으며, 조사기간 연장은 외부 민간위원 중심으로 구성된 「납세자보호위원회」 또는 「납세자보호담당관」 등의 승인을 거쳐야 하므로 행정편의적인 조사기간 연장을 제한하고 있다.

다음의 경우에는 세무조사기간을 연장할 수 있다. 세무조사기간을 연장하는 경우에는 최초의 연장은 관할 세무서장의 승인을 받고, 2회 이후 연장하는 경우에는 관할 상급 세무관서장의 승인을 받아 각각

20일 이내에서 연장할 수 있다.

세무조사기간 연장사유

- 납세자가 장부, 서류 등을 은닉하거나 제출을 지연하거나 거부하는 등의 조사기피 행위가 명백한 경우
- 거래처 조사 또는 거래처 현지 확인 및 금융거래 현지 확인이 필요한 경우
- 세금탈루 혐의가 포착되거나 조사 과정에서 조사유형이 「조세범처벌절차법」에 따른 조세범칙조사로 전환되는 경우
- 천재지변이나 노동쟁의로 조사 중단되는 경우
- 납세자보호관 또는 담당관이 세금탈루혐의와 관련하여 추가적인 사실이 필요하다고 인정하는 경우
- 세금탈루혐의에 대한 해명 등을 위하여 조사대상자가 세무조사기간의 연장을 신청한 경우로 납세자보호관 등이 이를 인정하는 경우

위의 사항에 해당되어 조사기간이 연장되는 경우에는 연장사유와 연장기간을 납세자에게 문서로 통지해야 한다.

세무조사기간의 무제한

다만, 다음의 경우에는 세무조사기간의 제한 및 세무조사 연장기간의 제한을 받지 아니한다.

- 무자료거래, 위장가공거래 등 신고내용이 사실과 다른 혐의가 있어 실제 거래 내용에 대한 조사가 필요한 경우

- 「국제조세조정에 관한 법률」에 따른 국제거래를 이용하여 세금을 탈루하거나 국내 탈루소득을 해외로 변칙 유출한 혐의로 조사하는 경우
- 명의위장, 이중장부의 작성, 차명계좌의 이용, 현금거래의 누락 등의 방법을 통하여 세금을 탈루한 혐의로 조사하는 경우
- 거짓계약서 작성, 미등기양도 등을 이용한 부동산 투기 등을 통해 세금을 탈루한 혐의로 조사하는 경우
- 상속세 증여세 조사, 주식변동조사, 범칙사건조사 및 출자거래관계에 있는 관련자에 대한 동시 조사를 하는 경우

17 세무조사의 중지

조사관서장은 다음에 해당하는 경우에 세무조사를 진행하기 어렵다고 판단될 때 세무조사를 중지할 수 있다. 이 경우 그 중지기간은 세무조사 기간 및 세무조사 연장기간에 산입하지 않는다. 이처럼 세무조사를 중지한 경우에는 그 중지사유가 소멸하게 되면 즉시 조사를 재개하여야 한다.

다만, 조세채권의 확보 등 긴급히 조사를 재개하여야 할 필요가 있는 경우에는 세무조사를 재개할 수 있다.

- 세무조사 연기신청 사유에 해당하는 사유가 있어 납세자가 조사중지를 신청한 경우
- 국외 자료의 수집, 제출 또는 상호합의절차 개시에 따라 외국기관과의 협의가 필요한 경우

- 납세자의 소재불명, 해외출국, 납세자가 장부, 서류 등을 은닉하거나 제출을 지연 또는 거부하는 등으로 인하여 세무조사를 정상적으로 진행하기 어려운 경우
- 노동쟁의 등이 발생하여 세무조사를 정상적으로 진행하기 어려운 경우
- 납세자보호관 등이 세무조사의 일시중지를 요청하는 경우

조사관서장은 위의 사항에 해당되어 세무조사를 중지하거나 재개하는 경우에는 그 사유를 문서로 통지하여야 한다. 또한 세무조사 중지기간 중에는 자료제출요구를 금지한다.

18 조사기간의 단축

조사공무원은 세무조사 기간을 단축하기 위하여 최대한 노력하여야 하며, 기장 및 회계처리의 투명성 등 납세 성실도를 검토하여 더 이상 조사할 필요가 없는 경우에는 조사기간 종료 전이라도 조사를 조기에 종료할 수 있다. 또한 외국과세당국의 확인요청 등 외국과의 정보교환 및 조사과정에서 과세기준자문 등을 신청하거나 조사를 전부 종결하는데 장기간이 소요될 것으로 판단되는 통합조사 등의 경우에는, 조사가 완료된 부분 등에 대하여 조사를 종결하고 나머지 사항이 종결되는 시점에 조사를 종결할 수 있다.

19 통합조사실시

통합조사라 함은 세무조사를 실시함에 있어 납세자의 편의와 조사의 효율성을 제고하기 위하여 조사 대상으로 선정된 과세기간의 당해 납세자의 사업과 관련하여 신고, 납부의무가 있는 세목을 함께 조사하는 것을 말한다.

세무조사는 특정한 세목만을 조사할 필요가 있는 경우를 제외하고는 납세자의 사업과 관련하여 세법에 따라 신고, 납부의무가 있는 세목을 통합하여 세무조사를 실시하는 것을 원칙으로 한다.

그러나 다음과 같은 사유가 있는 경우는 부분세무조사를 할 수 있다. 국세환급금의 결정 또는 경정청구 처리를 위한 조사, 불복 등의 재조사 결정에 따른 사실관계 확인을 위한 조사, 거래상대방에 대한 전부조사 중에 거래 일부의 확인을 위한 조사, 구체적인 탈세 제보 시 해당 탈세혐의 확인을 위한 조사, 명의위장 · 차명계좌를 이용한 탈루혐의 확인을 위한 조사, 법인이 주식변동 등을 통해 특수관계인에게 이익을 분여한 구체적인 혐의를 확인하기 위한 조사, 무자료 · 위장 · 가공거래 등 거래 내용이 사실과 다른 경우로서 조세채권 확보 등을 위한 긴급조사 등의 경우 부분세무조사가 가능하다.

다만, 동일 세목 · 과세기간에 대한 부분조사는 위의 국세환급금 조사와 불복조사를 제외하고 2회 이내로 실시해야 한다.

20 납세자권리보호요청제도 시행

조사공무원의 다음과 같은 행위로 권리를 침해당한 경우에는, 조사관서의 납세자보호담당관에게 권리보호를 요청할 수 있다.

- 세법, 동 시행령 및 동 시행규칙에 명백히 위반하여 조사하는 행위
- 조세탈루의 혐의를 인정할 만한 명백한 자료가 없는 등 법령이 정하는 구체적 사유 없이 같은 세목 및 같은 과세기간에 대해 재조사하는 행위
- 세무조사 기간연장에 대한 중소규모 납세자의 세무조사 (일시)중지요청 행위
- 적법한 절차를 거치지 아니하고 조사대상 과세기간, 세목 등 조사범위를 벗어나 조사하거나 조사기간을 임의로 연장하는 행위
- 납세자 또는 권한 있는 자로부터 동의를 받지 않거나 적법한 절차를 거치지 아니하고 임의로 장부, 서류 및 증명서류를 열람, 복사하거나 일시 보관하는 행위
- 납세자 또는 세무대리인에게 금품, 향응 또는 업무집행과 직접 관련 없는 사적편의제공을 요구하는 행위
- 납세자가 제출한 자료나 업무상 취득한 자료를 관련 법령에 의하지 아니하고 타인에게 제공 또는 누설하거나 사적인 용도로 사용하는 행위
- 위의 사항에 준하는 사유로 납세자 권리가 부당하게 침해되고 있거나 침해가 현저히 예상되는 경우

21 공정한 대우를 받을 권리

납세자는 조사공무원으로부터 언제나 공정한 대우를 받을 권리가 있다. 조사공무원은 공정한 자세와 예의바른 언행으로 성의를 다하여 납세자의 권리를 보호하도록 하고 있다.

22 정보제공

납세자가 권리의 행사에 필요한 정보를 요구하는 경우 신속하게 제공해야 한다.

이 경우 정보제공을 요구할 수 있는 자는 당해 납세자와 당해 납세자의 대리인으로 선임된 자에 한하며, 정보제공 요구는 서면 또는 구두로 할 수 있다.

23 과세정보에 대한 비밀유지

납세자가 세법이 정한 납세의무를 이행하기 위해 제출한 자료나 국세부과 또는 징수를 목적으로 업무상 취득한 자료 등을 타인에게 누설하거나 목적 외의 용도로 이용하여서는 아니 된다.

다만, 다음의 경우는 그 사용목적 범위 안에서 과세정보를 제공할 수 있다.

- 지방자치단체 등이 조세부과징수목적 등에 사용하기 위해

- 국가기관이 조세쟁송 또는 조세범의 소추목적을 위해
- 법원의 제출명령 또는 법관이 발부한 영장에 의해 과세정보를 요구하는 경우
- 세무공무원 상호 간에 국세부과징수 질문검사상의 필요에 따라 과세정보를 요구하는 경우
- 통계청장이 국가통계작성 목적으로 과세정보를 요구하는 경우
- 사회보장기본법에 따른 사회보험의 운영을 목적으로 설립된 기관이 관계 법률에 따른 소관업무를 수행하기 위하여 과세정보를 요구하는 경우
- 국가행정기관, 지방자치단체 또는 「공공기관의 운영에 관한 법률」에 따른 공고기관이 급부 · 지원 등을 위한 자격의 조사 · 심사 등에 필요한 과세정보를 당사자의 동의를 받아 요구하는 경우
- 「국정감사 및 조사에 관한 법률」에 따른 조사위원회가 조사위원회의 의결로 비공개회의에 요구하는 경우
- 다른 법률의 규정에 따라 과세정보를 요구하는 경우

24 세무조사의 결과 통지

조사공무원은 세무조사 결과를 납세자에게 설명할 의무가 있다. 또한 조사가 종료된 후 20일 이내(소재 불분명으로 공시 송달하는 경우 40일)에 조사내용, 조사대상 세목 · 과세기간, 결정 · 경정할 과세표준 · 세액 및 산출 근거, 결정 · 경정사유, 수정신고 및 과세전적부심사 청구 정보 등을 통지하여야 한다.

다만, 납세관리인이 없이 국내에 주소 등을 두지 않는 경우, 불복 재조사 결정에 의한 조사를 종결한 경우, 세무조사 결과통지의 수령을 회피하거나 거부하는 경우는 결과통지를 생략할 수 있다.

그리고 납세자는 조사결과통지에 대해 이의가 있는 경우에 통지를 받은 날부터 20일 내에 과세전적부심사를 청구할 수 있다.

25 과세예고 통지의무 명문화

납세자의 절차적 권리를 보장하고 강화하기 위하여 세무조사 결과에 따른 과세예고 통지를 의무화하였다. 이는 과세예고 통지를 생략한 과세처분이 중대한 절차상의 하자로서 위법하다는 대법원의 판례를 존중하고, 납세자의 절차상의 권리보호를 명문화한 규정이다.

- 세무조사 결과에 따라 부족세액을 과세하는 경우
- 세무서장, 지방국세청장에 대한 지방국세청장 또는 국세청장의 업무감사결과(현지 시정 조치 포함)에 따라 과세하는 경우
- 세무조사에서 확인된 해당 납세자 외의 자에 대한 과세자료를 처리하여 과세하는 경우
- 납세고지하려는 세액이 1백만 원 이상인 경우
  (다만, 감사원 시정요구에 따라 과세하는 경우로서 소명 안내를 받은 경우는 제외)

26 적법하고 신속하게 구제받을 권리

납세자는 위법 또는 부당한 처분을 받거나 필요한 처분을 받지 못함으로써 권리 또는 이익을 침해당한 경우에 적법하고 신속하게 구제받을 권리가 있다.

이에 따라 납세자는 고지결정 전 세무조사결과통지에 따른 과세전적부심사청구제도와 고지결정 후 이의가 있는 경우 이의신청, 심사청구, 행정소송을 제기할 수 있다.

10. 기업도 할 말이 있다! 세무상 권리구제 방안

세무조사의 결과를 서면으로 받은 법인대표는 너무 속상하다. 매출액은 모두 드러나고 비용으로는 상당부분을 인정받지 못하여 세금이 추가로 많이 나왔기 때문이다.

세무조사결과에 대해 기업의 억울한 부분을 구제받을 수 있는 방법은 무엇일까?

1 납세고지를 받기 전 권리구제: 과세전적부심사

조사결과에 따른 납세고지(세무조사 결과의 확정)를 받기 전에 세무조사 결과에 대해 서면통지를 받거나 그 밖에 과세예고통지를 받은 경우에는, 통지를 받은 날로부터 30일 이내에 통지 내용에 대한 '과세전적부심사'를 청구할 수 있다.

다만, 조세범처벌법에 의한 고발이 있는 경우나 세무조사결과 통지를 하는 날로부터 국세부과제척기간의 만료일까지의 기간이 3개월 이하인 경우 등 특별한 사항에 대해서는 배제된다.

과세전적부심사청구를 받은 과세관청은 그 청구부분에 대하여 과세전적부심사에 대한 결정이 있을 때까지 과세표준 및 세액의 결정이나 경정결정을 유보하여야 한다.

청구를 받은 날로부터 30일 이내에 청구내용을 다음과 같이 결정하고 통지하여야 한다.

- 심사거부: 형식적 요건의 결격(예컨대 청구기간이 경과 등) 사유로 심사자체를 하지 않는다는 결정
- 불채택: 청구사항에 이유가 없으며, 청구내용을 채택하지 않는다는 결정
- 채택: 청구사항에 이유가 있으며, 그 청구내용을 채택하는 결정(일부가 인정되는 경우에는 일부 채택 결정)

2 납세고지를 받은 후 권리구제: 이의신청, 심사청구, 심판청구

1) 이의신청

납세고지서를 받은 날로부터 90일 이내에 고지내용에 이의가 있는 경우 세무서(또는 관할 지방국세청)에 이의신청서를 제출하고, 이의신청을 받은 과세관청은 접수 후 30일 이내에 결정을 통지한다.

2) 심사청구, 심판청구

- 이의신청의 결정통지를 받은 날로부터 90일 이내에 청구할 수 있으며, 심사청구는 국세청장에게, 심판청구는 조세 심판원장에게 이의를 제기하는 절차이다.
- 다만, 결정기간 내에 결정통지를 받기 전이라도 결정기간이 지난

날부터 심사청구, 심판청구를 할 수 있다.

- 고지서 내용에 이의가 있는 경우 이의신청 없이 바로 심사청구, 심판청구를 할 수 있으며, 동일한 처분에 대해 심사청구와 심판청구를 중복하여 제기할 수 없다.
- 결정내용은 접수 후 90일 이내에 결정하여 통지한다.

3 감사원 심사청구

- 감사원 심사청구는 이의신청, 심사청구, 심판청구를 거치지 않고 신청할 수 있으며, 감사원장에게 이의를 제기하는 절차이다.
- 납세고지서를 받은 날로부터 90일 이내에 감사원에 청구서를 제출하고, 접수를 받은 감사원은 3개월 이내에 결정하여 통지한다.

4 행정소송

- 심사청구, 심판청구 또는 감사원 심사청구의 전심절차를 거쳐 그 결정에 대해 이의가 있는 경우 법원의 판단을 구하는 절차이다.
- 행정소송은 심사청구, 심판청구나 감사원심사청구 중 하나를 반드시 거쳐야만 제기할 수 있다.
- 결정통지를 받은 날로부터 90일 이내에 행정소송을 제기하여야 한다.

[사전불복제도: 과세전적부심사제도]

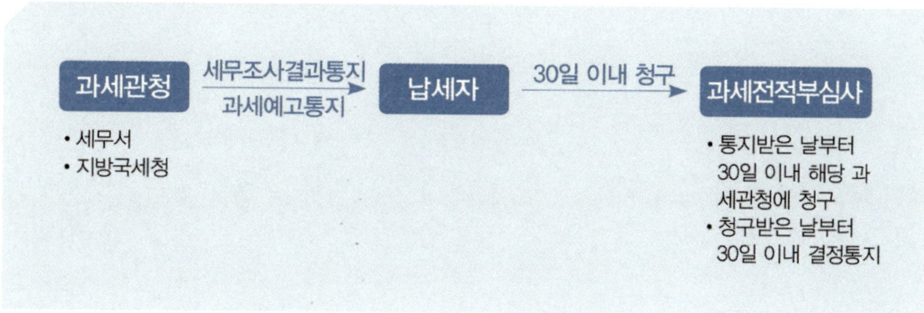

[사후불복제도: 이의신청, 심사청구 · 심판청구, 감사원심사청구, 행정소송]

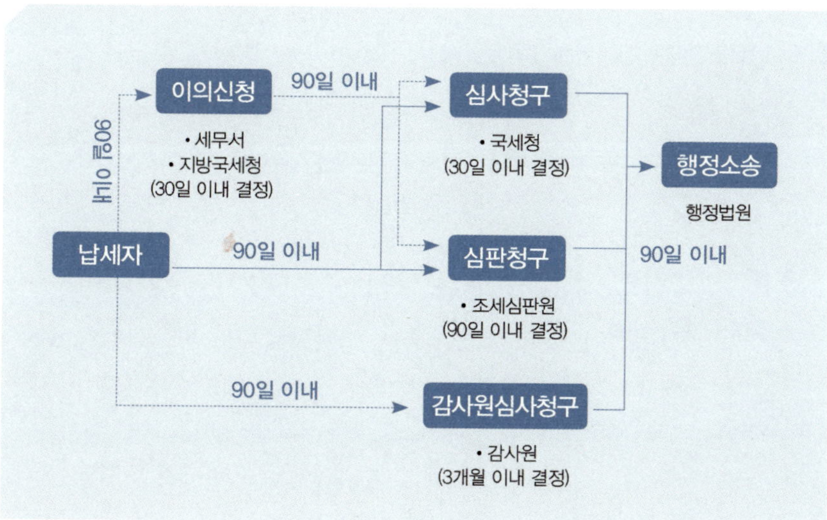

TAX

Kim Yeon Ju & Lim Jun Chan

04

사전증여! 합법적인 MONEY ROUTE 만들기

증여시작으로 돈의 경로를 다각화하라

Tax
Time !

1. 증여세 흐름도

증여재산가액 + **10년 내 증여재산** − **담보된 채무**

- 증여재산가액: 증여 당시 시가
- 10년 내 증여재산:
  - 10년 내 동일인으로부터 증여받은 재산가액
  - 증여자가 직계존속인 경우에는 그 배우자 포함
- 담보된 채무: 증여재산에 담보된 채무

= **증여세 과세가액** − **증여재산공제** = **증여세 과세표준** × **세율**

증여재산공제 [증여자 기준]
- 배우자: 6억 원
- 직계존속: 5천만 원 (미성년자: 2천만 원)
- 직계비속: 5천만 원
- 기타 친족: 1천만 원
- 창업자금 등: 5억 원

세율
- 10~50%
- 창업자금 10%
- 가업승계 10% (20%)

= **증여세 산출가액** + **세대를 건너뛴 증여에 대한 할증과세** − **세액공제 등**

세대를 건너뛴 증여에 대한 할증과세
- 산출세액의 30%(40%) 할증

세액공제 등
- 신고세액공제
- 외국납부세액공제
- 영농자녀 증여세 감면
- 문화재 자료 등 징수유예

+ **가산세** = **납부할 세액**

가산세
- 무신고 과소신고가산세: 10~40%
- 납부불성실가산세: 1일 0.025%

2. 증여의 의미와 증여취소시점의 중요성

1 증여

증여란 재산을 무상으로 친족이나 타인에게 수여하는 의사를 표시하고 상대방이 이를 승낙함으로써 성립하는 계약이다. 증여세는 수증자가 거주자인 경우 국내외의 모든 증여재산에 대해 부과되며 비거주자가 수증하는 경우 국내에 있는 모든 재산에 대해서만 증여세를 부과한다.

증여세는 원칙적으로 수증자가 납부하지만, 수증자가 납부할 능력이 없거나 주소 등의 불명으로 조세채권 확보가 어렵다고 판단되는 경우 등에는 증여자에게 해당 증여세에 대하여 연대납세의무가 주어진다. 연대납세의무자로서 수증자의 증여세를 대신 납부하는 경우에는 재차증여에 해당되지 아니하므로 증여세가 과세되지 아니한다.

그러나 수증자가 납부하지 못하는 증여세를 증여자가 대신 납부하는 경우에는 재차증여에 해당되어 해당 납부할 증여세 상당액을 과세가액 합산하여 납부세액을 산정한다.

증여재산공제는 수증자를 기준으로 증여자 그룹별로 계산한다. 거주자는 직계존속으로부터 10년간 5천만 원, 미성년자는 2천만 원을 공제받는다. 예컨대 직계존속으로부터 증여받는 경우로서 부모, 조부모, 외조부모로부터 증여를 받는 경우 증여받은 재산가액을 모두 합산하고 10년간 5천만 원을 공제한다. 여러명의 직계존속으로부터 증여받는 경우 최초의 과세가액에서 순차로 공제한다.

수증자가 증여자의 자녀가 아닌 직계비속인 경우 증여세 산출세액의 30%(수증자가 미성년자이며 증여재산가액이 20억 원을 초과하는 경우 40%)에 상당하는 증여세가 할증과세 된다. 예컨대 할아버지의 재산을 아버지를 거치지 않고 손자녀에게 직접 증여하는 경우, 세대를 건너뛴 증여로 세금회피를 방지하기 위해 할증과세를 적용하는 것이다. 다만 대습상속의 경우는 그러하지 아니한다. 대습상속이란 상속인이 될 직계비속이 사망 또는 상속결격으로 인해 그의 직계비속에게 상속되는 것을 말한다.

2 증여취소 시점의 중요성

증여는 재산을 무상으로 준다는 의사를 표시하고, 이를 상대방이 승낙함으로써 발생하는 계약이다. 이러한 증여계약은 계약 당사자 상호간에 자유롭게 합의 및 해제를 할 수 계약으로서 시기에 관계없이 증여재산의 반환이나 취소가 가능하다. 다만 증여세 신고기한 내에 반환하는 경우에만 당초증여와 반환증여에 대해 증여세를 과세하지 아니한다(현금증여는 과세). 즉 반환하는 시점에 따라 증여세 과세여부가 달라지므로 증여여부를 결정할 때 주의하여야 한다.

증여세 신고기한은 증여일이 속하는 달의 말일부터 3개월 이내를 말한다.

<table>
<tr><th colspan="2">증여반환
시기</th><th>증여세신고
기한내</th><th>신고기한 경과후
3개월내</th><th>신고기한으로부터
3개월 경과후</th></tr>
<tr><td rowspan="2">현금</td><td>당초 증여</td><td>과세</td><td>과세</td><td>과세</td></tr>
<tr><td>반환</td><td>과세</td><td>과세</td><td>과세</td></tr>
<tr><td rowspan="2">비현금</td><td>당초증여</td><td>과세제외</td><td>과세</td><td>과세</td></tr>
<tr><td>반환</td><td>과세제외</td><td>과세제외</td><td>과세</td></tr>
</table>

3. 입증하지 못한 재산취득자금과 채무상환자금은 증여로 본다

1 재산취득자금과 채무상환자금의 증여추정

직업, 연령, 소득이나 재산상태 등에 비추어 자력으로 특정 재산을 취득하거나 채무를 상환했다고 보기 어려운 경우 그 해당 자금의 출처를 입증하지 못하면 해당금액에 대해 증여한 것으로 추정하여 증여세를 부과한다.

증여로 추정한다는 것은 국세청이 해당 금액을 당사자간에 증여가 발생한 것으로 생각하지만 납세자가 거래의 실질이 증여가 아님을 입증하는 근거를 제시하면 증여세를 부과하지 아니한다.

2 증여추정 제외요건

입증하지 못한 금액 ≤ Min (취득재산가액 or 부채상환금액 × 20% , 2억 원)

부동산의 취득이나 부채상환에 대해 자금출처에 대한 소명을 요청받는 경우 자금출처에 대해 충분히 소명하거나 소명하지 못한 금액이 취득재산가액 또는 부채상환금액의 20%와 2억 원 중 작은 금액에 미달하는 경우 과세에서 제외된다. 만약 입증하지 못한 금액이 증여추정 제외금액보다 크다면 전체금액에 대하여 증여세가 과세된다.

3 증여추정 배제기준

재산취득일 또는 채무상환일 전 10년 이내 취득재산가액 및 채무상환금액이 아래의 기준금액에 미달하는 경우 증여추정을 적용하지 아니한다. 단 실질적인 개별 증여금액을 파악하거나 증여받은 사실이 명백한 경우에는 증여세가 과세된다.

재산취득자금의 출처를 소명할 때 부채로 인정되는 금액이 있는 경우 국세청은 해당 부채를 지속적으로 관리해 나간다. 매년 정기적으로 금융회사 등의 채무변제 여부를 확인하고 금융조회결과 부채를 상환하는 경우 해당 금액의 자금출처에 대해 소명을 요청하기도 한다.

PCI분석시스템(소득-지출분석시스템)을 근간으로 납자세가 신고한 소득 및 재산현황과 소비한 지출내역을 비교분석한 자료를 자금분석에 반영하며 FIU(금융정보 분석원)로부터 보고받은 내용도 함께 활용되고 있다.

구 분		재산취득		채무상환	총액한도
		주택	기타재산		
세대주인 경우	30세이상인자	2억 원	5천만 원	5천만 원	2억 5천만 원
	40세이상인자	4억 원	1억 원	–	5억 원
세대주가 아닌 경우	30세이상인자	1억 원	5천만 원	5천만 원	1억 5천만 원
	40세이상인자	2억 원	1억 원	–	3억 원
30세미만인자		5천만 원	3천만 원	3천만 원	8천만 원

4. 재산취득자금등의 자금출처조사 소명은 어떻게 하나요?

1 자금출처조사

자금출처조사란 그 사람의 직업, 나이, 신고 된 소득, 소득세 납부실적, 재산상태 등에 비추어 자력으로 재산을 취득하거나 부채를 상환하였다고 보기 어려운 경우 그 자금원천에 대한 출처를 요청하고 합당한 근거자료를 제시하지 못하는 경우 이를 증여받은 것으로 보아 증여세를 징수하는 조사를 말한다.

소명자료내용에 탈루혐의가 없는 경우에는 소명조사가 종료될 수 있으나, 국세청의 요구에도 특별한 이유 없이 불응하거나 제출된 자료가 허위인 경우 세무조사로 파생될 수 있다.

국세청은 고도화 된 PCI분석시스템(소득-지출분석시스템), FIU(금융정보 분석원)등을 통해 철저하게 납세자의 자금흐름과 소득흐름을 분석하고 들여다보고 있다.

다음은 자금출처에 대해 근거자료로 인정받는 항목이다.

구분	자금출처로 인정되는 금액	증빙서류
근로소득	총급여액–원천징수세액	원천징수영수증
원천징수소득 (이자 · 배당 · 기타소득 포함)	총지급액–원천징수세액	원천징수영수증
사업소득	소득금액–소득세상당액	소득세신고서 사본
차입금	차입금액	부채증명서
임대보증금	보증금 또는 전세금	임대차계약서 사본
보유재산 처분액	처분가액–양도소득세 등	매매계약서 사본
현금 · 예금 수증	증여재산가액	통장사본

2 국세청 세원관리 시스템

1997년부터 시작된 국세행정의 전산화시스템에 의해 국세청 과세 인프라가 구축되고 총체적인 입장에서의 세원관리가 가능해졌다.

신고 자료와 세원관리가 모두 전산화되어 세원 간의 연계가 가능해짐으로써 입체적인 관점에서 납세자의 신고내역과 각종의 세무자료를 들여다 볼 수 있게 된 것이다.

따라서 국세행정 전산화를 통해 다각도의 세원자료 분석과 특이항목의 추출이 용이해졌다.

지금까지 신고한 추세를 분석하고 신고한 소득금액과 소비지출한 금액 및 증가한 부동산의 내역을 검토할 수 있다. 모든 자료를 전산화하여 관리하는 국세청 과세 인프라를 통해 종합적인 세원관리와 성실도 분석이 가능해진 것이다.

1) 소득-지출 분석 시스템 (PCI 분석 시스템: Property, Consumption and Income Analysis System)

재산증가액+소비지출액-신고소득금액=?

신고한 소득금액을 초과하여 해외여행 등의 과도한 소비지출과 주식 및 부동산 그리고 골프회원권 등을 취득하는 경우 그 초과분에 대해 의구심을 가진다. 탈루한 소득이 결국에는 소비와 자산의 취득으로 이어진다는 점에 포인트를 두어 소득-지출 분석 시스템을 개발하여 획기적인 성과를 내고 있다.

또한 자력으로는 취득하기 어려운 부동산 · 주식 등이 자녀의 명의로 거래되는 경우 자금출처에 대한 소명까지 이루어져 조사가 확대되고 있다. 국세청은 신고한 소득금액을 초과한 소비지출과 재산 증가가 있는 사업자를 우선적으로 주시하고 있다.

2) 국세통합 시스템(TIS: Tax Interrated System)

1997년에 개통된 TIS는 사업자등록번호나 개인의 주민등록번호만 조회하여도 기업과 개인의 모든 소득과 자산내역을 한눈에 알 수 있는 전산시스템이다.

행정력의 부족으로 누락되거나 찾아내지 못했던 과세자료가 전산시스템을 통해 자동집계됨으로써 보다 효율적이고 체계적인 세원관리가 가능해졌다.

3) 과세정보관리체계 (TIMS: Tax Information Management System)

2003년에 만들어진 TIMS는 TIS에서 축적된 세원정보를 이용하여 여러 가지 다양한 형태의 검색이 가능하다. 이를 토대로 정보 간의 유기적인 상호 연관성을 분석하여 보다 입체적인 측면에서 세금탈루자와 세무조사대상자의 선정이 가능해졌다. 가장 기본이 되는 세원정보의 자료가 축적되는 데이터베이스라 볼 수 있다.

4) 신고 성실도 전산평가 시스템 (CAF: Compliance Analysis Function)

TIS에서 구축된 각종 세금신고 내용과 과세정보를 토대로 신고 성실도를 분석하는 시스템이다. TIS 분석결과 신고 성실도가 낮게 평가된 사업자를 조사대상으로 선정할 수 있으며, 정기 조사대상자를 선정할 때 많이 이용되고 있다. 특히 고소득 전문직을 조사대상자로 선정할 때 적극 활용되고 있다.

동종 업종의 매출내역과 신고 소득률 및 각종 비용계정과 매입자료 등에 대한 평균자료를 근간으로 신고 성실도를 파악하여 성실신고 안내문 등을 발송하는 데 큰 역할을 하고 있다.

5) 금융정보 분석원(FIU: Financial Intelligence Unit)

금융기관은 동일인 명의로 이루어지는 계좌이체 중에서 의심거래보고제도(STR: Suspicious Transaction Report)와 하루 동안 누적되는 거래금액이 2천만 원 이상의 고액현금거래에 대해 반드시 금융정보 분석원에 보고하여야 한다.

이러한 보고를 받은 FIU는 금융정보의 흐름에 탈세 등의 비정상적인 징후가 감지되는 경우 검찰청과 국세청 등에 자료를 통보하고 있다.

이렇게 누적된 금융거래 내역 등의 자료들이 향후 세무조사가 이루어질 때 중요한 자료로 활용되고 있다.

5. 가족 간의 양도는 증여로 본다

부모와 자식 간에도 실질적으로 돈을 주고 받으면서 부동산을 매매하는 경우가 과거와는 달리 많이 발생한다. 노후를 걱정하는 부모세대들의 노후자금을 마련하기 위하여 실제 양도가 이루어진다. 그러나 국세청은 가족 간의 양도거래에 대해 양도로 보지 아니하고 증여한 것으로 추정한다.

1 배우자 또는 직계존비속 양도는 증여로 추정

양도의 형식을 이용한 조세회피로 보아 매매를 원인으로 배우자나 직계존비속에게 재산이 이전되는 경우 상증법에서는 해당 자산의 재산가액을 증여받은 것으로 추정하여 배우자 또는 직계존비속에게 증여세를 과세한다.

증여로 추정되는 경우에는 납세자가 증여가 아니고 실제 양도하였음을 적극적으로 입증해야 한다. 해당하는 재산을 이미 과세 받았거나 권리의 이전이나 등기, 등록을 요하는 재산을 서로 맞교환하는 경우 그리고 해당 자산의 취득을 위해 소유재산을 매각하고 그 대금으로 취득하게 됨을 적극적으로 입증하여야만 증여로 보지 아니한다.

즉, 국세청에 자금출처가 명백하게 확인되는 자금을 통해 취득한 자료를 제출할 수 있어야 한다.

2 매매대금의 입증이 끝이 아니다

매매거래를 입증하여도 시가보다 낮게 또는 높게 거래하고 그 차액이 (시가-대가)≥시가×30% 또는 3억 원인 경우는 그 차액에 대하여 증여받은 것으로 본다.

그리고 시가보다 적은 금액으로 양도하는 경우 (시가-대가)≥시가×5% 또는 3억 원 이상인 경우 세부담을 부당하게 감소시킨 것으로 보아 시가를 양도가액으로 산정하여 양도소득세 부당행위계산부인을 적용한다.

6. 부담부증여로 세금 깎기

1 부담부증여란?

증여자의 증여재산에 담보된 채무를 수증자가 인수하는 경우, 증여가액 중 채무액이 차지하는 부분을 자산이 유상으로 이전된 것으로 본다.

양도소득세의 과세대상이 되는 자산을 전세 보증금이나 금융기관의 부채가 포함되어 증여하는 경우 증여와 동시에 양도가 함께 발생한다. 이를 부담부증여라 한다.

증여가액 중 그 채무액에 상당하는 부분은 그 자산이 유상으로 사실상 이전되므로 양도소득세를 과세하고, 채무를 제외한 부분은 증여세를 부과한다.

2 채무를 갚을 능력이 필요하다

증여재산에 채무가 포함되면 채무를 인수한 수증자가 채무입증서류, 계약서, 담보설정내역, 채무를 상환할 수 있는 입증서류를 통해 실질적인 채무발생과 상환능력을 소명할 수 있어야 한다.

설명이 부족한 경우에는 채무를 상환하는데 필요한 자금출처에 대해 소명을 요구받을 수 있고 증여로 추징될 수 있기 때문이다.

3 증여? 부담부증여?

채무는 증여재산에서 차감되므로 증여세만을 생각할 경우에는 당연히 절세이다. 채무부분은 양도소득세가 과세되기 때문에 증여하는 자의 자산보유현황에 따라 달라진다.

1세대 1주택자의 경우에는 채무비율이 높을수록 양도비율이 높아진다. 1세대 1주택 비과세 요건을 충족하고 채무 상환능력이 있다면 채무비율이 높을수록 절세의 폭이 커질 것이다.

이와는 달리 1세대 다주택자의 경우는 주택양도에 대해 중과세가 적용되므로, 양도비율을 최소화하는 것이 중과의 비율이 낮아지고 이를 통해 절세를 모색할 수 있다.

통상적으로 부담부증여를 하면 절세가 되는 경우가 많으나, 증여자의 재산보유현황에 따라 중과세가 적용되므로 반드시 재산보유현황을 면밀히 따져볼 필요가 있다.

7. 부동산과 현금을 무상으로 사용하면 증여의제가 따라간다

1 증여의제란

증여의제는 법률상 증여는 아니지만 증여와 같은 경제적 효과가 발생하는 경제적 사건에 대해 증여로 간주하여 증여세를 부과한다. 즉 증여의 형식을 갖추지는 않았으나 재산의 소유권 이전 또는 취득 형태 등의 실질적인 내용이 증여와 유사한 경우 상속세및증여세법상 '완전포괄주의'에 근거하여 증여세를 부과한다.

2 부동산 무상사용이익 증여의제

1) 부동산 무상사용이익이란

타인의 부동산을 무상으로 사용함에 따라 이익을 얻는 경우에는 그 무상 사용을 개시한 날을 증여일로 하여 그 이익에 상당하는 금액을 부동산 무상 사용자의 증여재산가액으로 한다.

즉 대가를 지불하지 않고 부동산을 무상으로 사용하는 자에게 증여세가 발생한다. 무상사용 개시일을 증여일로 하여 5년간의 무상사용이익에 대해 증여세가 과세되고 5년간 무상사용이익 합계액이 1억 원 미만인 경우에는 증여세가 과세되지 아니한다.

2) 증여재산가액

부동산무상사용이익은 무상사용기간이 5년 단위로 과세되며 다음과 같이 계산된다. 5년간 사용이익이 1억 원 이상인 경우에만 증여세가 과세된다.

$$부동산무상사용이익 = \sum_{n=1}^{5} \frac{각\ 연도의\ 부동산무상사용이익}{1 + \left(\frac{10}{100}\right)^{n}}$$

n: 평가가준일로부터 경과연수

※ 각 연도의 부동산 무상사용이익: 부동산가액(상증법상 평가액) x 1년간 부동산사용료를 감안하여 재경부령이 정하는 율(2%)

※ 간편법: 부동산무상사용이익 = 각 연도의 부동산무상사용이익 x 3.79079

예컨대 토지소유자가 아버지이고 토지사용자가 아들인 경우를 가정한다면 아들은 토지무상사용에 따른 증여세, 아버지는 토지 무상제공에 따른 소득세법과 부가가치세법상 부당행위계산규정이 적용되어 소득세와 부가가치세가 발생할 수 있다.

토지와 건물의 소유주가 다른 경우 토지 및 건물의 사용권리를 출자하여 부동산 임대업을 공동사업으로 영위한다면 증여세와 소득세 및 부가가치세 그리고 양도소득세의 절세전략을 고려할 수 있다.

3 금전무상대출 등에 따른 이익의 증여

1) 금전무상대출 등에 따른 이익이란

부모등 특수관계인으로부터 금전을 무상으로 빌리거나 낮은 이자율로 빌리는 경우 적정이자율과의 차액에 대해 경제적 이익을 분여받게 된다. 증여세 과세는 1년 단위로 과세하며 증여시기는 증여이익이 1천만 원이상이 되는 날을 증여시기로 보아 증여세가 과세된다.

2) 증여재산가액

무상대출인 경우	대출금액 × 적정이자율(4.6%)
저율대출인 경우	{대출금액 × 적정이자율(4.6%) } – 실제 지급한 이자상당액

3) 실제 금전소비대차를 인정받으려면

부모 자녀간의 금전거래는 통상적으로 증여로 추정하여 증여세가 부과될 수 있다. 실제 가족간의 금전거래가 이루어지는 경우 실질적인 금전소비대차계약서를 작성하고 공증을 받아 두고 계약서상의 이자와 원금 등을 실제 통장에 지급하면 증여세 문제가 발생하지 않을 수 있다. 다만 자금을 빌리고 이자를 지급하는 경우 이자소득에 대해 원천징수의무가 발생하며 이는 비영업대금이익에 해당되어 무조건 종합과세 된다.

8. 배우자에게 6억 원 증여하고 5년 뒤 양도하자?

가족 간의 증여 중에 가장 많은 공제대상이 되는 사람이 바로 배우자이다. 거주자인 배우자에게 증여하는 경우 10년간 6억 원을 공제한다.

증여세와 양도소득세 그리고 상속세의 전략적인 절세조건을 충족한다면 배우자에게 6억 원 상당의 부를 증여하는 것을 고려할 필요가 있다.

1 배우자 증여공제 6억 원

부부간의 증여가 일어나는 경우 10년간 6억 원까지는 증여세를 부담하지 아니한다.

배우자에게 부동산을 증여하는 경우, 증여세 과세가액 산정이 되는 시가에 주의하여야 한다.

증여받은 부동산의 취득가액은 당초 배우자가 취득한 가액보다 월등히 높아지는 것이 통상적이다.

6억 원의 배우자공제가 자산보유차익을 흡수함으로써 절세의 기초가 마련된다.

2 증여 후 5년이 지난 후 양도

부동산을 증여받은 배우자가 증여 후 5년이 지난 후에 해당 자산을 양도하는 경우, 증여로 취득가액이 높아진 만큼 양도차익에 대한 절세효과가 나타난다.

다만, 불가피하게 증여받은 날부터 5년 이내에 부동산을 양도하는 경우에는 양도소득세 이월과세가 적용되어 6억 원의 증여공제효과가 사라지고 추가 납부해야 하는 상황이 발생하므로 주의하여야 한다. 그러나 배우자 이월과세는 토지, 건물, 특정시설물이용권에 한하므로 비상장주식을 배우자에게 증여하고 취득가액을 높인 뒤, 5년 이내에 양도하여도 이월과세를 적용하지 아니한다.

보유 중인 주식을 배우자에게 증여를 하고 유동성을 확보하여 추가적인 자산매입을 하는 것도 절세전략의 중요한 방법이다.

1) 배우자에게 증여받은 후 이월과세

다음의 요건에 해당되는 경우, 배우자 이월과세를 적용한다.

- 배우자 또는 직계존비속이 토지, 건물, 특정시설물이용권(법인의 주식 등을 소유하는 것만으로 시설물을 배타적으로 이용 가능한 주식 등을 포함)을 증여
- 증여받은 후 5년 이내 양도
- 양도한 자산의 양도소득세 계산 시 이월과세 적용

2) 증여받은 부동산 양도소득세 계산구조

증여받은 배우자의 양도가액
(–)증여한 배우자의 당초 취득가액
(–)증여한 배우자의 당초 필요경비

(=)증여받은 부동산의 양도차익
(–)당초 취득한 배우자 보유기간의 장기보유특별공제

(=)증여받은 부동산의 과세표준
(×)당초 취득한 배우자 보유기간의 양도소득세율

(=)증여받은 부동산의 양도소득세

3 상속세가 줄어든다!

배우자에게 증여 후 10년이 지난 뒤에는 상속이 발생하여도 사전 증여한 재산에 대해 상속재산에 합산하지 아니하므로 상속세가 절세된다.

다만, 세금을 면탈하기 위해 배우자 명의로 변경하는 경우 세무당국은 '사해행위취소소송'을 통해 체납된 세금을 징수할 수 있으므로 주의하여야 한다.

9. 배우자 주식 증여 후 양도 & 주권으로 꼬리표 달기!

1 6억 원 배우자 주식 증여 후 양도로 세금 빠져나가기

비상장주식을 배우자에게 증여하는 경우 10년 이내에 배우자로부터 받은 다른 증여재산이 없는 경우에는 6억 원까지 배우자공제가 적용된다.

증여받은 주식을 순손익가치가 변동되지 않는 동일한 연도에 양도하는 경우, 양도가액과 증여로 수령한 취득가액이 유사한 경우에는 양도차익이 거의 발생하지 않는다.

당초 주식 취득자의 취득가액에서 상승한 주식가치를 배우자증여공제 6억 원으로 흡수하고 양도하는 경우에는 세부담 없이 비상장주식의 현금화가 가능하다.

2 비상장주식은 양도세 이월과세대상이 아니다

배우자 또는 직계존비속으로부터 토지, 건물, 특정시설물이용권을 증여받은 후 5년 이내에 양도하면 양도소득세 계산 시 이월과세가 적용된다.

이월과세란, 양도한 자산의 취득가액을 수증자의 증여 당시 취득가액이 아니라 당초의 증여한 자가 취득한 가액으로 계산하여 양도소득세를 계산하는 것을 말한다.

그러나 비상장주식의 경우에는 이월과세 대상에 해당되지 아니하므로, 증여 후 양도과정을 적극 활용하면 배우자의 다른 재산취득자금의 원천을 설명할 수 있다.

3 가지급금 정산을 위한 주식소각

주식가치가 유사한 동일한 연도에 비상장법인의 주식을 법인 주주가 아닌 배우자에게 6억 원의 주식을 증여하고 소각목적으로 주식을 법인에 매도하고 소각되는 경우, 소각대가와 취득가액이 유사하여 의제배당에 따른 소득세가 없다.

즉, 비상장법인의 주식을 소각목적으로 해당 법인에 매도하고 소각하는 경우에는 자본거래에 해당되어 양도소득세가 아니라 의제배당에 해당되어 소득세가 과세된다.

이와 같은 경우에는 소각대가와 취득가액이 동일하여 의제배당에 따른 소득세 부담이 없다.

4 상속받은 비상장주식의 주식소각

비상장기업의 주식을 상속받은 상속인이 상속 직후 소각목적으로 법인에 주식을 매도하고 소각되는 경우 상속재산 주식평가액과 소각대가가 거의 유사하므로, 의제배당에 대한 소득세 과세가 되지 않는다.

5 자기주식소각에 따른 주의사항

1) 상법상 자기주식거래에 대한 절차준수

자기주식소각 거래는 자본거래의 하나로서 반드시 상법상의 절차를 준수하여야 한다.

세법상의 요건을 충족하여도 상법상의 흠결이 발생하는 경우 세무당국은 자기주식거래를 인정하지 아니한다. 상법상 절차가 까다롭더라도 엄격하게 해석하여 이를 충족해야 한다.

2) 주권발행을 통한 증여주식의 꼬리표 달기

해당 법인의 주주인 배우자가 소각을 목적으로 증여받은 주식을 법인에 양도하는 경우 반드시 주권을 발행하여 어떤 주식이 먼저 소각대상이 되었는지를 입증하여야 한다.

법인에 양도된 소각주식의 취득가액이 소각대가와 유사하여야 의제배당에 따른 소득세가 발생하지 아니하므로, 당초에 보유한 주식과 증여로 받는 주식이 혼재되어 있는 경우에는 주권을 발행하여 소각된 주식의 꼬리표를 만들어 두어야 한다.

10. 일감을 몰아주면 증여세가 날아온다

1 일감 몰아주면 증여세가 과세된다

특수관계자 간에 일감을 몰아주고 해당 수혜법인의 자녀 등 지배주주 등이 이익을 받는 경우 이에 대해 증여세가 부과된다. 이익을 얻은 수혜법인의 영업이익과 지배주주로서 수증자가 받게 되는 이익에는 상호 밀접한 연관관계가 있는 것으로 보기 때문이다.

이는 특수관계법인을 통한 부를 이전하는 변칙적인 증여를 막기 위한 제도이다.

수혜법인의 사업연도 종료일을 증여시기로 보며, 수혜를 받은 자는 법인세 과세표준 신고기한이 속하는 달의 말일부터 3개월이 되는 날까지 관련 증여세를 신고 납부하여야 한다.

일감 몰아주기는 수혜법인의 세후영업이익이 존재해야 하고 해당 법인의 사업연도 매출액 중 지배주주와 특수관계에 있는 법인에 대한 매출액 비율이 30%(대기업 30%, 중견기업 40%, 중소기업 50%)를 초과하며, 수혜법인의 지배주주 및 그 친족의 직·간접보유지분율이 3%(대기업 3%, 중소·중견기업 10%)를 초과하는 경우 증여세가 과세된다.

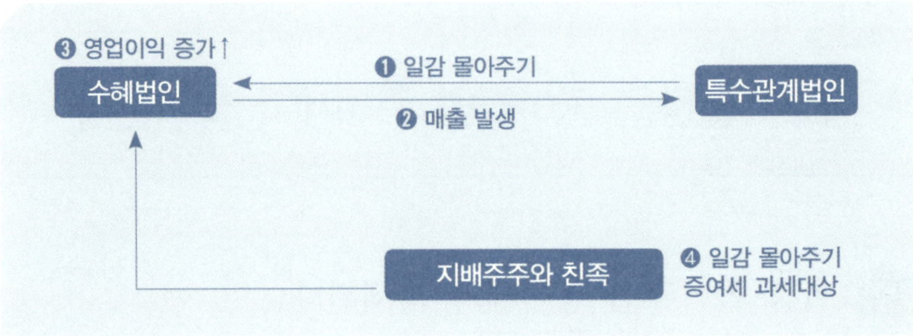

2 수혜법인

수혜법인은 법인세법상 내국법인에 한하여 다음의 법인을 말한다.

- 사업연도 매출액 중 특수관계법인과의 거래 비율이 50%(40%)를 초과하는 중소기업 또는 중견기업으로, 일정 요건에 해당하는 기업
- 사업연도 매출액 중 특수관계법인과의 거래 비율이 정상거래비율(30%)을 초과하는 대기업
- 특수관계법인 거래비율이 정상거래비율의 3분의 2를 초과하는 경우로서 특수관계법인에 대한 매출이 1천억 원을 초과하는 대기업

3 증여자

증여자는 사업연도 종료일 현재 수혜법인의 지배주주와 특수관계에 있는 법인으로서 물량을 몰아준 해당 법인이 된다.

수혜법인의 지배주주와 특수관계에 있는 법인

수혜법인의 지배주주와 특수관계에 있는 법인이라 함은, 수혜법인의 지배주주와 다음의 관계에 있는 자를 말한다.

- 본인이 개인인 경우
  본인이 직접 또는 본인과 친족 및 직계비속의 배우자의 2촌 이내의 부계혈족과 그 배우자가 임원에 대한 임면권의 행사 및 사업방침의 결정 등을 통하여 그 경영에 관하여 사실상의 영향력을 행사하고 있는 독점규제 및 공정거래에 관한 법률 시행령 제3조 각호의 1에 해당하는 기업집단에 속하는 계열회사(해당 기업의 임원과 퇴직 후 3년이 지나지 않은 사람을 포함한다)
- 본인이 법인인 경우
  본인이 속한 독점규제 및 공정거래에 관한 법률 시행령 제3조 각호의 1에 해당하는 기업집단에 속하는 계열회사(해당 기업의 임원과 퇴직임원을 포함)와 해당 기업의 임원에 대한 임면권의 행사 및 사업방침의 결정 등을 통하여 그 경영에 관하여 사실상의 영향력을 행사하고 있는 자 및 그와 친족 및 직계비속의 배우자의 2촌 이내의 부계혈족과 그 배우자에 해당하는 관계에 있는 자
- 본인, 상증법 시행령 제2조의 제1항 제1호부터 제3호까지의 자 또는 본인과 같은 항 제1호부터 제3호까지의 자가 공동으로 재산을 출연하여 설립하거나 이사의 과반수를 차지하는 비영리 법인
- 독점규제 및 공정거래에 관한 법률 시행령 제3조 각호의 1에 해

당하는 기업집단에 속하는 기업의 임원 또는 퇴직임원이 이사장인 비영리법인

- 본인, 상증법 시행령 제2조의 제1항 제1호부터 제5호까지의 자 또는 본인과 같은 항 제1호부터 제5호까지의 자가 공동으로 발행주식총수 등의 30% 이상을 출자하고 있는 법인
- 본인, 상증법 시행령 제2조의2 제1항 제1호부터 제6호까지의 자 또는 본인과 같은 항 제1호부터 제6호까지의 자가 공동으로 발행주식총수 등의 50% 이상을 출자하고 있는 법인
- 본인, 상증법 시행령 제2조의2 제1항 제1호부터 제6호까지의 자 또는 본인과 같은 항 제1호부터 제6호까지의 자가 공동으로 재산을 출연하여 설립하거나 이사의 과반수를 차지하는 비영리법인

4 수증자

수증자는 수혜법인의 지배주주와 그 지배주주의 친족으로서 직·간접으로 보유하는 주식보유비율이 3%(다만, 중소기업, 중견기업은 10%)를 초과하는 주주에 한정된다.

1) 지배주주

지배주주는 수혜법인의 해당 사업연도 종료일을 기준으로 다음의 어느 하나에 해당하는 자를 말한다. 본인과 본인의 친족등 중에서 우선 지배주주를 판정한다.

- 수혜법인의 최대주주등 중에서 수혜법인에 대한 직접보유비율이

가장 높은 자가 개인인 경우 그 개인

- 수혜법인의 최대주주등 중에서 수혜법인에 대한 직접보유비율이 가장 높은 자가 법인인 경우 수혜법인에 대한 직접보유비율과 간접보유비율을 모두 합하여 계산한 비율이 가장 높은 개인

2) 다음의 자는 제외

- 수혜법인의 주주등이면서 수혜법인의 최대주주등에 해당되지 아니한 자
- 수혜법인의 최대주주등 중에서 수혜법인에 대한 직접보유비율이 가장 높은 자에 해당하는 법인의 주주등이면서 최대주주등에 해당하지 아니한 자

3) 수혜법인에 대한 간접보유비율

개인과 수혜법인 사이에 주식 보유를 통하여 한 개 이상의 법인(간접출자법인)이 기재되어 있는 경우 각 단계의 직접보유비율을 모두 곱하여 산출한 비율을 말한다. 개인과 수혜법인 사이에 둘 이상의 간접출자관계가 있는 경우에는 개인의 수혜법인에 대한 간접보유비율은 각각의 간접출자관계에서 산출한 비율을 모두 합하여 산출한다.

4) 지배주주의 친족

지배주주의 친족은 수혜법인의 사업연도 말에 수혜법인에 대한 직접보유비율과 간접보유비율을 합하여 계산한 비율이 3%(중소기업, 중견기업은 10%)를 초과하는 자를 말한다.

5 증여의제 이익

1) 수혜법인이 중소기업

수혜법인의 세후영업이익×정상거래비율(50%)을 초과하는 특수관계법인거래비율×한계보유비율을 초과하는 주식보유비율

2) 수혜법인이 중견기업

수혜법인의 세후영업이익×정상거래비율(40%)의 50%를 초과하는 특수관계법인거래비율×한계보유비율의 50%를 초과하는 주식보유비율

3) 수혜법인이 그 이외의 법인

수혜법인의 세후영업이익

6 배당소득 조정

증여의제 이익을 계산하는 경우 수혜법인등으로부터 배당받은 소득이 있는 경우에는 그 배당소득상당액을 증여이익에서 공제한다.

11. 일감을 떼어주면 증여세가 찾아온다

소위 일감 떼어주기 증여세는 특수관계법인으로부터 제공받은 사업기회로 발생한 이익을 증여받은 것으로 본다. 지배주주와 특수관계에 있는 법인으로부터 프랜차이즈계약, 특정장소의 입점계약 등을 제공받고 그 제공받은 사업상의 기회로 수혜법인의 지배주주등이 증여받을 것으로 보아 증여세를 과세한다.

기업집단의 최대주주등이 계열회사에 대한 지배력을 이용하여 자녀 등이 지배주주로 있는 법인에게 사업기회를 제공하는 편법적인 방법으로 부를 이전하고, 그로 인해 수혜법인의 지배주주등의 증가한 이익을 증여로 의제한다.

3년 후 실제 손익을 반영하여 이미 납부한 증여세의 과부족금액에 대해 정산한다.

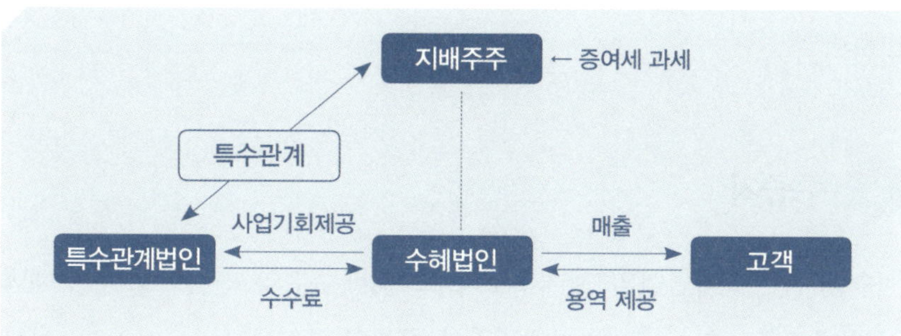

1 수혜법인

상증법상 제45조의3에 따른 지배주주와 그 친족의 주식보유비율이 30% 이상인 법인으로서 특수관계에 있는 법인으로부터 사업기회를 제공받은 법인이다.

이 경우 지배주주등의 주식보유비율은 사업개시연도 종료일을 기준으로 적용하며 주식보유비율 계산 시 간접보유비율도 포함하여 산정한다.

2 증여자

수혜법인의 지배주주와 특수관계에 있는 법인으로서 수혜법인에게 사업기회를 제공한 법인이 된다. 다만, 특수관계법인에는 조세특례제한법 제5조 제1항에 따른 중소기업과 수혜법인의 주식보유비율이 50% 이상인 법인은 제외한다.

즉, 사업기회를 제공한 법인이 조세특례제한법 중소기업인 경우와 수혜법인이 50% 이상 출자한 자회사는 증여의제 대상에 해당되지 아니한다.

3 수증자

수증자는 수혜법인의 지배주주와 그 지배주주의 친족으로서 수혜법인의 발행주식총수 중 그 지배주주와 친족의 주식보유비율이 30% 이상인 경우 그 지배주주와 친족이 된다. 지배주주등의 주식보유비율은 개시사업연도 종료일을 기준으로 적용한다.

4 사업기회 제공

특수관계법인이 직접 수행하거나 다른 사업자가 수행하던 사업기회를 임대차계약, 입점계약 등 유사한 경우로서 제공받는 경우이다.

5 증여의제이익

1) 개시사업연도 증여의제이익

[{(제공받은 사업기회로 발생한 개시사업연도의 수혜법인의 이익×지배주주등의 주식보유비율)−개시사업연도의 법인세 납부세액 상당액}÷개시사업연도의 월수×12]×3

2) 정산사업연도 증여의제이익

[(제공받은 사업기회로 발생한 개시사업연도부터 정산사업연도까지 발생한 수혜법인의 이익합계액)×지배주주등의 주식보유비율]−개시사업연도부터 정산사업연도분까지의 법인세 납부세액 중 상당액

증여의제이익을 계산할 때 수혜법인으로부터 배당받은 소득이 있는 경우는 증여의제이익에서 공제한다.

3) 증여의제이익에서 배당소득차감

지배주주등이 수혜법인으로부터 배당받은 소득이 있는 경우 주식보유비율에 배당소득을 차감하고 개시사업연도 말일부터 정산증여의제이익에 대한 과세표준 신고기한 종료일까지 수혜법인으로부터 배당받은 소득의 합계액을 차감하여 정산한다.

6 증여세 신고납부

수혜법인의 사업기회를 제공받은 날이 속하는 사업연도의 종료일을 증여시기로 본다.

증여세 신고는 법인세 과세표준 신고기한이 속하는 달의 말일부터 3개월이 되는 날까지 신고 및 납부를 한다.

12. 사전에 증여한 재산은 어떻게 사후관리 되나요?

상속세가 과세되는 재산에는 피상속인이 사망한 당시 보유한 재산뿐만 아니라, 상속개시일 전 일정기간 내에 증여한 재산도 합산하여 상속세 과세대상을 산정한다.

이미 사전에 증여하여 피상속인의 재산도 아닌 증여재산을 합산하여 상속세 과세대상에 포함하는 것은 피상속인의 사망을 어느 정도 예측할 수 있는 시점에 재산을 미리 분할 증여하여 상속세를 회피하는 것을 방지하고 증여와 상속, 부의 무상 이전에 대한 과세형평을 제고하기 위함이다.

1 상속개시일 전 10년, 5년 이내의 증여재산

상속개시일 전 10년 이내에 피상속인이 상속인에게 증여한 재산가액과 상속개시일 전 5년 이내에 피상속인이 상속인이 아닌 자에게 증여한 재산가액은 상속재산에 가산하여 과세가액을 계산한다.

합산되는 증여재산가액은 상속개시일의 재산가액이 아니라 증여당시의 재산가액이 합산되므로 재산가치가 증가되는 경우, 10년 내에 사전증여로 합산되더라고 상속세 절세효과가 크다.

이때 증여 당시의 증여세 산출세액은 상속세 산출세액에서 기납부세액으로 공제된다.

증여세 과세특례 창업자금과 가업승계한 주식가액은 증여받은 날부터 상속개시일까지의 기간이 상속개시일로부터 10년 이내인지 여부에 관계없이 상속세 과세가액에 합산됨을 유의해야 한다.

증여를 받은 자	피상속인	
	거주자	비거주자
상속인	상속개시일 전 10년 이내에 증여한 국내외 재산가액	상속개시일 전 10년 이내에 증여한 국내 소재 재산가액
상속인이 아닌 자	상속개시일 전 5년 이내에 증여한 국내외 재산가액	상속개시일 전 5년 이내에 증여한 국내 소재 재산가액

2 증여일 전 10년 이내에 증여한 재산은 합산하여 증여세를 정산한다

해당 증여일 전 10년 이내에 동일인(증여자가 직계존속인 경우에는 그 직계존속의 배우자 포함)으로부터 받은 증여재산가액을 합친 금액이 1천만 원 이상인 경우에는 그 가액을 증여세 과세가액에 가산한다. 합산대상 증여재산가액이 1천만 원 미만인 경우에는 합산하지 아니하고 각각의 증여가 있을 때마다 증여세를 부과한다.

1) 해당 증여일 전 10년 이내의 증여

해당 증여일 전 10년 이내에 증여한 재산가액을 합산한다. 직계존속 1인 및 그 배우자로부터 각각 재산을 증여받은 경우에는 그 직계존속 및 배우자로부터 증여받은 재산가액을 합산하여 과세가액을 계산한다.

10년 이내에 증여재산 합산과세대상 여부를 판정하는 때에는 각 증여 당시의 재산가액을 기준으로 한다.

2) 동일인으로부터 재차증여

증여세 과세는 증여자별, 수증자별로 구분하여 과세한다. 증여자가 다른 경우에는 합산과세대상이 아니며, 동일인으로부터 재차증여가 있는 경우에 합산한다.

증여자가 직계존속인 경우에는 그 직계존속의 배우자도 포함하여 판단하나 증여자가 부모일 경우 계모, 계부는 동일인에 포함하지 아니한다.

생부와 이혼한 생모로부터 증여받은 재산가액은 생부의 증여재산가액에 합산하지 아니한다.

해당 증여일 전 10년 이내에 동일인(증여자가 직계존속인 경우에는 그 직계존속의 배우자 포함)으로부터 받은 증여재산가액이 1천만 원 이상인 경우에는 그 가액을 증여세 과세가액에 가산하나 장인과 장모는 동일인으로 보지 아니한다. 또한 부와 조부는 직계존속일지라도 동일인에 해당되지 아니한다.

증여자	증여재산 합산 여부
동일인 경우	해당 증여일 전 10년 이내에 동일인으로부터 받은 증여재산가액의 합계액이 1천만 원 이상인 경우에는 그 가액을 증여세 과세가액에 가산한다.
동일인이 아닌 경우	수증자는 동일인이나 증여자가 동일인이 아닌 경우에는 증여가 발생할 때마다 증여자별 & 수증자별로 과세가액을 각각 계산하여 과세한다.

3) 합산되지 아니하는 증여재산

다음의 증여재산가액은 해당 증여일 전 10년 이내에 동일인으로부터 받은 증여재산가액의 합계액이 1천만 원 이상인 경우에도 증여재산에 합산하여 과세하지 아니한다.

- 재산 취득 후 해당 재산의 가치가 증가하는 경우
- 전환사채 등의 주식전환 등에 따른 이익의 증여
- 전환사채 등을 특수관계인에게 양도한 경우로서 전환사채증의 양도일에 양도가액이 시가를 초과함으로써 양도인이 얻은 이익
- 주식 또는 출자지분의 상장 등에 따른 이익의 증여
- 합병에 따른 상장 등에 따른 이익의 증여
- 재산 취득 후 재산가치 증가에 따른 이익의 증여
- 명의신탁재산의 증여 의제
- 특수관계 법인과의 거래를 통한 이익의 증여의제
- 특수관계 법인으로부터 제공받은 사업기회로 발생한 이익의 증여

Kim Yeon Ju & Lim Jun Chan

05

장수기업의 생존전략! 상속세의 산을 넘자!

상속세의 구조를 파악하고 살아남기를 준비하자

TAX

1. 상속세 흐름도

총상속재산 − **비과세재산** − **상속세 과세가액 불산입재산** − **• 공과금 • 장례비용 • 채무** + **증여재산**

- 총상속재산
  - 본래의 상속재산
  - 간주상속재산
  - 상속개시 전 처분재산 등
- 비과세재산
  - 금양임야
  - 묘토인 농지 등
- 상속세 과세가액 불산입재산
  - 공익법인 등 출연 재산
- 증여재산
  - 증여재산(창업자금, 가업승계 주식 포함)

= **상속세 과세가액** − **상속공제** = **과세표준** × **세율**

- 상속공제
  - 기초공제
  - 가업(영농) 상속공제
  - 배우자상속공제
  - 그 밖의 인적공제
  - 금융재산상속공제
  - 재해손실공제
  - 동거주택상속공제
  - 감정평가수수료 등

  (공제한도)
- 세율
  - 10~50%

= **산출세액** + **세대를 건너뛴 상속에 대한 할증과세** − **세액공제 등** = **납부할 세액**

- 세대를 건너뛴 상속에 대한 할증과세
  - 30%(40%) 가산
- 세액공제 등
  - 신고세액공제
  - 증여세액공제
  - 단기재상속세액공제
  - 외국납부세액공제
  - 문화재 자료 등 징수유예

2. 상속의 의미와 법정상속분

1 상속과 상속인

상속이란 피상속인의 사망과 동시에, 피상속인의 재산관계가 법률상 법정상속인에게 승계되는 것을 말한다.

상속은 피상속인의 재산관계가 총체적으로 일괄하여 승계되는 것으로 부동산, 채권 등의 적극재산과 부채, 채무 등의 소극재산도 함께 승계된다.

2 상속포기와 한정승인제도

만약 피상속인에게 받을 재산보다 갚아야 할 부채가 더 많은 경우, 상속을 포기하거나 상속으로 취득할 재산의 한도 범위액 내에서만 피상속인의 채무와 유증을 변제하는 한정승인제도를 활용하면 된다. 다만, 상속이 있음을 안 날로부터 3개월 이내에 상속재산 목록을 첨부하여 상속개시의 가정법원에 한정승인신고를 하면 된다.

한정승인의 경우 상속받은 부동산이 경매 등으로 처분되고 채무에 변제되어 실질적으로 상속인이 가져가는 돈이 없더라도 부동산 매매에 따른 양도소득세는 발생하므로 주의를 기울여야 한다.

3 상속재산의 분배

피상속인의 사망으로 상속이 개시되고 상속인이 여러 명이 있는 경우에는 사망자의 유언, 상속인 간의 협의, 상속인의 법정상속분 순으로 상속재산이 분배된다.

선순위의 상속인이 있는 경우 상속을 포기하거나 상속결격 사유가 없는 한 후순위의 상속인은 상속을 받지 못한다. 배우자는 직계비속과 함께 공동상속인이 되고, 직계비속이 없는 경우는 직계존속과 함께 공동상속인이 되며, 직계비속과 직계존속이 모두 없는 경우에는 단독 상속인이 된다.

4 법정상속분이란?

사망자가 유언으로 상속분을 정하지 아니하고, 상속인 간의 협의도 이루어지지 않는 경우에는 법정상속분대로 상속이 이루어져야 한다.

상속순위	상속인	비고
제1순위	피상속인의 직계비속(자녀 또는 손자손녀 등), 배우자	
제2순위 (1순위가 없는 경우)	피상속인의 직계존속(부모, 조부모, 증조부모 등), 배우자	
제3순위 (1, 2순위가 없는 경우)	피상속인의 형제자매(백숙 등)	
제4순위 (1, 2, 3순위가 없는 경우)	피상속인의 4촌 이내 방계혈족 (삼촌, 고모, 이모 등)	

공동상속인의 상속분은 같은 순위의 상속인이 여러 명인 경우 그 상속분은 동일한 것으로 한다. 배우자의 상속분은 직계비속과 공동으로 상속하는 때에는 직계비속의 상속분에 5할을 가산하고, 직계존속과 공동으로 상속하는 때에는 직계존속의 상속분에 5할을 가산한다.

상속인	상속분	비율
배우자, 장남, 장녀가 있는 경우	배우자 1.5 장남 1 장녀 1	3/7 2/7 2/7
배우자, 장남, 부모	배우자 1.5 장남 1	3/5 2/5
배우자, 아버지	배우자 1.5 아버지 1	3/5 2/5
배우자, 부모	배우자 1.5 아버지 1 어머니 1	3/7 2/7 2/7

5 특별수익자

공동상속인 중 피상속인으로부터 재산의 증여, 유증을 받은 사람을 특별수익자라 한다.

즉, 상속인들 중 사망자로부터 생전 증여를 받거나 사망자가 상속인들 중 일부에게 재산을 유언으로 증여(유증)하여 상속인의 지위를 가지면서 증여를 받게된 자가 특별수익자이다.

6 기여분

상속인 중 상속재산을 형성하는데 특별히 기여하거나 피상속인을 각별히 부양한 자에게 그에 해당하는 기여재산을 법정상속분 외에 추가적으로 인정하는 것을 말한다.

기여분 상당액은 공동상속인 간의 협의로 결정되고, 협의가 이루어지지 못하는 경우 가정법원에서 결정한다.

7 상속재산의 분할

상속인이 2인 이상인 경우, 상속재산은 상속개시와 동시에 상속인이 공유하게 된다.

각 개개의 상속인에게 자신의 상속분에 맞는 상속재산을 배분하는 것을 상속재산의 분할이라 한다.

상속분쟁을 최소화하고 상속재판의 장기화 등의 문제점을 예방하기 위해서는 피상속인 살아생전에 유언을 활용하여 재산분배를 명확하게 하는 것이 가장 좋다.

3. 유언에도 형식이 있다?

1 유언은 엄격한 법적 형식이 필요하다

민법은 유언의 방식을 엄격히 규정하고 있으며, 법정 요건을 충족하지 아니한 유언은 무효이다. 유언은 유언자의 자유로운 최종 의사를 존중하기 위한 제도이나, 그 효력은 유언자의 사망으로 발생한다. 유언의 내용이 유언자의 진의인지 여부를 사후에 확인하는 것이 쉽지 않다.

따라서 민법은 유언에 법적 요건을 엄격히 요구하고 있다. 이러한 요건을 충족하지 아니한 유언은 인정되지 아니한다.

유언은 유언자의 사망과 동시에 일정한 법률효과를 발생시키는 것을 목적으로 하며, 일정한 방식에 따라 행하는 상대방이 없는 단독행위이다.

가업승계에 대한 유언은 경영자의 최종적인 의사를 관철하는 수단이므로 철저히 준비되어야 한다.

법적 형식을 갖추지 못한 유언은 무효가 되고 이로 인한 불이익은 상속인뿐 아니라, 상속의 법정분쟁으로 인해 기업의 경영권까지 흔들리는 일로 확대된다.

2 민법이 인정하는 유언 방식

유언에는 자필증서에 의한 유언, 녹음에 의한 유언, 공정증서에 의한 유언, 비밀증서에 의한 유언, 구수증서의 유언으로 5가지가 있다. 자필증서를 제외하고 나머지 유언은 반드시 증인의 참여가 필요하다.

1) 자필증서에 의한 유언

유언자가 유언의 내용, 작성 날짜, 주소, 성명을 모두 자신이 쓴 후 날인한 방식의 유언이다. 가장 간단하지만 유언자가 위의 필수적인 요건을 모두 직접 손으로 쓰지 않고 타인으로 하여금 대필시키거나 컴퓨터 등을 이용하여 작성하면 효력이 없다.

2) 녹음에 의한 유언

유언자가 자신의 육성을 녹음하는 방식이다. 유언자의 취지와 성명, 연월일을 구술한 뒤 참여한 증인이 유언의 정확함과 자신의 성명을 구술한다. 간편성은 있으나 제3자에 의한 조작가능성이 있기 때문에 반드시 증인이 참석해야 한다.

3) 공정증서에 의한 유언

유언자가 증인 2인이 참여한 공증인의 앞에서 유언의 취지를 말하면, 공증인이 유언자의 구술을 필기하여 유언자와 증인 앞에서 낭독한 후 유언자와 증인의 서명(기명, 날인)을 받아 공증인이 유언장을 보관하는 방식이다. 유언자가 스스로 유언증서를 작성하지 않아도 되며, 분실의 위험을 줄일 수 있다는 장점이 있다.

4) 비밀증서에 의한 유언

자신의 유언내용을 공개하지 않기 위한 유언이다. 유언자는 자신의 성명을 기재한 유언장을 밀봉하여 2인 이상의 증인 면전에 제출한다. 자신의 유언장임을 표시한 뒤 밀봉된 채로 표면에 제출 연월일을 기재하여 유언자, 증인 모두 서명해야 한다.

그때부터 5일 이내에 공증인, 법원서기에게 제출하여 확정일자를 받아두어야 하고, 증인조차 그 내용을 알 수 없기 때문에 엄격한 확인절차가 필요하다.

유언절차가 무척 복잡하나 유출의 가능성이 거의 없고, 이에 따른 분쟁의 소지가 낮다는 장점이 있다.

5) 구수증서에 의한 유언

질병 등 급박한 사유로 인한 경우로서, 유언자가 2인 이상의 증인 앞에서 유언의 취지를 구술하고 청취한 증인이 유언자의 구술을 필기하고 낭독하면 유언자와 다른 증인이 이를 확인서명하는 유언이다. 증인이나 이해관계인은 급박한 사유가 종료한 후 7일 이내에 법원의 검인을 신청해야 하고, 유언자는 최소한의 유언이 가능할 정도의 의사능력이 필요하다.

4. 유류분제도, 미운 사람도 상속받을 권리가 존재한다!

1 유류분제도

상속인에게 보장되는 최소한의 상속분을 유류분이라 한다.

유류분제도는 상속인으로 동일한 지위에 있으나 피상속인과 평소 사이가 좋았던 자녀는 상속재산을 많이 받고, 그렇지 못한 자녀는 적게 받는 불공평한 부분을 최소화하기 위함이다. 더불어 남아있는 가족들의 생계를 지켜주기 위해 최소한의 법정비율재산을 상속인에게 보장해주기 위한 제도이다. 생전증여나 유언을 할 때는 반드시 유류분에 주의해야 한다.

2 유류분의 한도와 기능

피상속인의 직계비속과 배우자는 법정상속분의 1/2, 피상속인의 직계존속과 형제자매는 법정상속분의 1/3을 한도로 유류분의 권리를 주장할 수 있다. 그러나 상속인의 제4순위인 4촌 이내의 방계혈족은 유류분을 가지지 못한다. 피상속인이 생전에 후계자에게 재산을 증여하거나 유언으로 상속분을 지정하는 과정에서 특정 상속인에게 배분되는 재산이 유류분보다 적다면 자신이 상속받을 권리를 침해받은 상속인은 유류분 반환청구를 할 수 있다.

예를 들어, A에게 아들 B와 C가 있는데, 총 상속재산은 총 12억 원이고 A가 후계자로 지목한 B에게 10억 원을 상속한다는 유언을 남기고 사망한다면 어떤 일이 발생할까?

B와 C는 각각 6억 원을 법정상속분으로 받을 수 있는데 최소한 C의 유류분은 3억 원이다. C는 A의 유언으로 자신이 최소한 받을 수 있는 유류분 3억 원보다 적은 2억 원을 받게 되므로, B에게 1억 원의 반환을 청구할 수 있다.

피상속인과 사이가 좋지 않았던 사고치는 자식들은 단 한 푼도 상속받지 못할 것으로 생각하기 쉽지만, 유류분은 법이 정한 상속인의 최소한의 권리로서 어느 누구도 유류분을 부정할 수 없다.

따라서 가업승계를 하는 경우에도 다른 상속인들의 유류분을 침해하지 아니하도록 상속설계를 하여야 한다.

5. 상속세 현금실탄 준비하기!

1 상속세 현금실탄의 중요성

거액의 상속세를 일시에 납부하기 위해 상속인들은 밤잠을 설친다. 보유한 부동산을 급매하거나 이를 담보로 하여 대출을 받아 상속세 납부를 위해 갖은 노력을 다한다. 심지어는 수십 년간 선친이 일구어 놓은 기업의 주식을 매각하는 상황까지 발생한다. 이처럼 상속세를 납부할 재원이 마련되어 있지 아니하면 상속인의 재산권에 악영향을 주는 것은 물론, 세금체납으로 상속인의 부동산 압류, 공매 등의 악순환에 빠지기도 한다. 거액의 상속세를 분할납부할 수 있는 연부연납, 분납을 신청하여 자금의 유동성을 조절하여야 한다.

가장 근본적으로 사전증여를 통한 상속세 납부원천을 준비하거나 자녀 명의로 보장성보험 등 금융상품 등을 준비하여 거액의 상속세를 방어해야 한다.

2 금융상품으로 상속세 막아내자

피상속인이 가족을 정말 사랑한다면 반드시 챙겨주어야 할 것이 있다. 바로 상속에 따른 상속세 납부재원을 살아생전에 준비해두어야 한다는 것이다. 상속이 개시되고 난 후 상속인의 안정적인 삶을 지켜주기 위해서는 막대한 상속세를 납부할 수 있도록 생전에 금융상품의 가치를 알고 적극 활용하여야 한다.

피상속인이 상속세 납부재원을 위해 상속세 예측가능금액을 종신보험에 가입하면 상속세 납부를 위한 유동성으로 고통 받지 않고 남아있는 가족의 생활안정과 계속기업의 토대를 마련할 수 있다.

배우자나 자녀를 계약자로 하고 피보험자를 피상속인으로 하여 종신보험에 가입하면 해당 보험금이 피상속인의 상속재산에서 제외되어 상속세 납부재원과 함께 상속세 절세효과가 발생한다. 다만, 배우자나 자녀가 불입하는 납입보험료에 대해서는 자금출처가 명확해야 한다.

피상속인이 보험계약자이고 실질적으로 보험료를 납부한 자도 피상속인이면 피상속인의 사망으로 받게 되는 보험금은 당연히 상속세 과세대상이 된다.

이를 방지하기 위해서는 배우자나 자녀가 자력으로 보험금을 불입한 것을 설명할 수 있어야 한다. 배우자나 자녀에게 주식을 사전에 증여하여 자금원천을 만들고, 지속적인 정기배당과 중간배당 그리고 세금절세 효과가 큰 초과배당을 진행하여 자금원천을 준비해야 한다.

6. 상속개시 1, 2년 전에는 재산을 흔들지 말자!

피상속인의 사망으로 상속이 시작되는 시점의 재산에 대해서만 상속세를 낸다고 알고 있는 분들이 의외로 많다. 국세청은 상속이 일어나기 전에 처분된 재산에 대한 사용용도와 추가적인 부채 발생에 대해 상세한 내역을 알고자 한다.

상속인들에게 '세부담 없이 현금이 지급되는 것은 아닐까'란 국세청의 상속추정에 대해 상속인은 적극적으로 설명을 해야 한다.

1 상속재산의 구성은 어떻게 되는가?

상속재산은 피상속인이 사망할 당시에 보유하고 있는 본래의 상속재산 외에도 간주상속재산과 추정상속재산이 과세대상에 포함된다.

1) 본래의 상속재산

본래의 상속재산은 피상속인이 사망할 당시 소유하고 있는 재산으로서 부동산, 주식과 같이 금전으로 환산이 가능한 경제적 가치가 있는 물건과 특허권처럼 재산적 가치가 있는 법률상의 권리를 말한다.

2) 간주상속재산

간주상속재산에는 보험금, 신탁재산, 퇴직금 등이 해당된다. 간주상속재산은 본래의 상속재산은 아니지만, 그 재산을 취득한 결과는 상속을 취득하는 경우와 동일한 경제적 효과가 발생한다. 이는 조세회피를 방지하고 실질과세와 공평과세를 지향하기 위하여 상속재산으로 보아 과세대상에 포함시킨 것이다.

- 생명보험금
  피상속인의 사망으로 지급받는 생명보험 등의 보험금으로서 피상속인이 보험계약자가 되어 지급받는 보험금은 상속재산으로 본다. 보험계약자가 피상속인이 아니더라도 피상속인이 사실상 보험료를 지불한 경우에는 피상속인을 보험계약자로 보아 상속재산에 포함시킨다.

- 퇴직금
  퇴직금, 퇴직수당, 공로금, 연금 등 기타 유사한 것으로서 피상속인에게 지급되어야 할 퇴직금 등이 피상속인이 사망하여 상속인에게 지급되는 경우 이를 상속재산으로 본다.
  다만, 국민연금법, 공무원연금법, 사립학교교직원연금법, 군인연금법 등의 규정으로 받게 되는 유족연금 등은 상속재산으로 보지 아니한다.

- 신탁재산
  피상속인이 신탁한 재산도 상속재산으로 본다. 다만, 신탁의 이익을 받을 권리를 다른 사람이 소유하는 경우 그 이익에 상당하는 가액은 상속재산에서 제외한다.

3) 추정상속재산

피상속인이 사망하기 전에 재산을 처분하거나 예금을 인출하는 경우 또는 채무를 부담하는 때에 해당 현금을 직접 상속인에게 지급하여 상속세를 회피하기 위한 행위를 방지하기 위한 제도이다.

피상속인이 사망하기 일정한 기간 내에 소유재산을 처분하거나 채무를 부담하는 경우 상속인에게 그 자금의 사용처에 대해 입증할 것을 적극요구하고 있다.

2 상속개시일 전 처분, 인출한 재산의 상속 추정

1) 처분재산 또는 인출한 금액의 사용처

피상속인이 재산을 처분하고 받은 그 처분대금 또는 인출한 예금 등에 대해 상속인이 구체적인 사용처를 소명해야 한다.

- 상속개시일 전 1년 이내에 재산 종류별로 계산하여 피상속인의 재산을 처분하여 받거나 피상속인의 재산에서 인출한 금액이 2억 원 이상인 경우
- 상속개시일 전 2년 이내에 재산 종류별로 계산하여 피상속인의 재산을 처분하여 받거나 피상속인의 재산에서 인출한 금액이 5억 원 이상인 경우

2) 재산 종류별로 계산한 금액이 2억 원 또는 5억 원 이상

- 현금, 예금 및 유가증권
- 부동산 및 부동산에 관한 권리
- 위의 자산 외의 기타 재산

상속개시 전 처분재산 합계액이 상속개시 전 1년 이내에 2억 원(2년 내에 5억 원) 미만인 경우에는 해당되지 아니한다. 다만, 해당 금액 미만이라도 해당 금액이 상속인에게 증여된 사실이 명백한 경우는 그러하지 아니한다.

3 미소명금액 추정상속금액

상속인이 피상속인의 인출 등에 대한 내역을 상세하게 알기는 현실적으로 쉽지 않다. 이러한 현실성을 반영하여 미소명한 금액이 처분재산가액의 20%와 2억 원 중 적은 금액을 차감한 금액을 추정상속금액으로 본다.

추정상속금액=미입증금액−MIN(처분 등 재산×20%, 2억 원)

4 자금사용처에 대한 입증만이 살길이다

예금인출로 인한 현금거래가 피상속인과 특수관계자 간의 거래인 경우 상속으로 추정받지 않기 위해서는 사용처에 대한 관련 증빙을 갖추고 적극적으로 입증해야 한다.

그리고 기업을 운영하는 경우 회사의 자금사정이 어려워 대표자가 개인적으로 자금을 융통하여 회사에 돈을 밀어 넣는 경우 회사는 대표자에게 지급해야 할 채무가 발생하고 대표자는 회사로부터 회수할 채권이 생겨난다.

상속인들은 이와 같은 법인과의 금전거래에 대해서도 자금사용처에 대해 설명을 해야 하며, 소명이 제대로 되지 못하는 경우 추정상속재산으로 본다. 자금의 사용처에 대해 상세한 자료가 제출되어야 추정상속재산에서 벗어날 수 있다.

5 상속개시일 전 부담한 채무의 상속 추정

1) 국가, 금융회사로부터 차입한 채무의 사용처

피상속인이 채무를 발생시킨 경우 그 채무의 사용처에 대해 상속인이 구체적인 사용처를 소명해야 한다.

- 상속개시일 전 1년 이내에 2억 원 이상인 경우
- 상속개시일 전 2년 이내에 5억 원 이상인 경우

2) 미소명금액 추정상속금액

상속인이 피상속인의 채무사용 내역을 상세하게 알기는 현실적으로 쉽지 않다. 이러한 현실성을 반영하여 미소명한 금액이 부채총액의 20%와 2억 원 중 적은 금액을 차감한 금액을 추정상속금액으로 본다.

추정상속금액=미입증금액-MIN(처분 등 재산×20%, 2억 원)

3) 국가, 금융기관이 아닌 자와의 채무

피상속인이 국가 등이 아닌 자와 거래한 채무에 대해서는 채무부담계약서, 채권자확인서, 담보설정 및 이자지급에 대한 증빙 등으로 상속인이 변제할 의무가 없는 것으로 추정되는 경우에는 기간에 관계없이 상속세 과세가액에 산입한다.

7. 상속 & 증여재산가액 평가의 중요성을 말하다

재산을 상속받거나 증여하는 경우 과세되는 기초금액은 해당 자산의 가치가 얼마나에 달려있다. 납세자가 납부해야 할 세금은 재산평가액을 근거로 이루어지므로, 재산을 얼마로 측정하느냐에 따라 세부담이 달라진다.

1 상속세 및 증여세법상 재산평가

상증법상 재산가액은 상속개시일 또는 증여일의 시가를 원칙으로 한다.

시가란, 불특정 다수인 사이에서 자유롭게 거래가 이루어지는 경우 통상적으로 성립된다고 인정되는 가액을 말한다. 상증법은 상속세 또는 증여세가 부과되는 재산의 가액은 상속개시일 또는 증여일 현재의 시가를 적용한다.

시가의 확인이 어려운 경우에 해당 재산의 종류, 규모, 거래 상황 등을 고려하여 상증법 제61조부터 제65조까지 규정된 방법(보충적 평가방법)으로 평가한다.

2 재산평가

상증법은 재산평가를 상속개시일 또는 증여일로 본다.

상속재산은 상속개시일 전 · 후 6개월 사이에 확인되는 매매가액, 감정가액의 평균액, 수용보상가액, 공매, 경매가액이 있는 경우 그 가액을 시가로 본다. 증여재산은 증여일 전 6개월부터 증여일 후 3개월 이내의 매매 등 가액이 있는 경우 시가로 본다.

해당 재산의 매매 등 가액을 우선 적용하고 해당 가액이 없는 경우에 한정하여 유사재산의 매매 등 가액을 적용한다. 평가기간 내 신고일까지의 매매 등의 가액만 적용한다.

평가기준일 전 2년 이내의 기간 중에 매매 등이 있거나 평가기간이 경과한 후부터 상속증여세 법정결정기간의 기간 중에 매매 등이 있는 경우에도 국세청 평가심의위원회의 자문을 거쳐 당해 매매 등의 가액을 시가에 포함시킬 수 있다.

건물, 오피스텔, 상업용 건물 등의 꼬마빌딩에 대해 감정평가사 등으로 구성된 평가심의위원회의 심의를 거쳐 기준시가를 고시할 수 있도록 하여 부동산 가치 평가의 적절성을 보완하였다.

다만, 상속세 또는 증여세 과세표준을 법정신고 기한 이내에 신고한 경우에는 평가기준일 전 6개월부터 평가기간 이내의 신고일까지의 가액을 시가로 적용한다.

감정가액은 2 이상의 감정기관이 평가한 평균액을 시가로 본다. 다만, 기준시가 10억 원 이하의 부동산(토지, 건물, 오피스텔 및 상업용 건물, 주택)은 하나의 감정기관의 평가액도 시가로 인정한다.

3 유사매매사례가액 적용기준

시가로 인정되는 유사매매사례가액의 재산은 다음과 같다.

해당 재산과 면적, 위치, 용도, 종목 및 기준시가가 동일하거나 유사한 다른 재산의 유사매매사례가액이란 다음의 구분에 따른 재산을 말한다.

1) 부동산 가격공시에 관한 법률에 따른 공동주택가격이 있는 경우: 다음의 요건을 모두 충족하는 주택

- 평가대상 주택과 동일한 공동주택단지 내에 있을 것
- 평가대상 주택과 주거전용면적의 차이가 평가대상 주택의 주거전용면적의 5% 이내일 것
- 평가대상 주택과 공동주택가격의 차이가 평가대상 주택의 공동주택가격의 5% 이내일 것

2019. 3. 20. 이후 상속, 증여분을 평가하는 경우부터는 해당 주택이 둘 이상인 경우 평가대상 주택과 공동주택가격 가치가 가장 적은 주택을 말한다.

2) 1) 외의 재산의 경우: 평가대상 재산과 면적, 위치, 용도, 종목 및 기준시가가 동일하거나 유사한 다른 재산

4 신고일 이후의 유사매매사례가액은 시가로 보지 아니한다

평가대상 재산과 면적, 위치, 용도, 종목 및 기준시가가 동일하거나 유사한 다른 재산에 대한 매매가액, 감정가액의 평균액, 수용보상가액, 공매, 경매가액이 있는 경우에는 유사매매사례가액을 평가 대상 재산의 시가로 평가한다.

다만, 유사매매사례가액의 시가 적용은 증여 · 상속세 법정신고기한 내에 신고하였다면, 신고일 이후의 유사매매사례가액은 시가로 적용하지 아니한다.

예컨대 단독주택 등의 증여계획을 하는 경우에는 증여 전에 반드시 서울부동산정보광장(land.seoul.go.kr), 국토교통부 실거래가 공개시스템(rt.molit.go.kr)을 통해 유사매매사례가액이 존재하는지 여부를 확인하고 유사매매사례가액이 없는 경우에 증여함과 동시에 기준시가로 증여세를 신고납부하면 된다.

증여세 신고 후에 신고일 전에 유사매매사례가액이 다시 확인된다면, 법정신고기한 내에 수정신고하고 증여세신고세액공제를 적용하면 된다.

신고 전에 유사매매사례가액이 없는 경우에는 기준시가로 신고한 증여세는 적법한 신고이다.

5 상속 · 증여재산 스스로 평가하기 시스템

납세자 스스로 상속 · 증여재산을 평가해 볼 수 있도록 국세청 홈택스에서 '상속 · 증여재산 스스로 평가하기' 시스템을 지원하고 있다.

국세청은 납세자가 상속 · 증여받은 재산에 관한 유사재산 매매사례가액이나 보충적 평가액을 쉽게 확인할 수 없었던 문제점을 해소하기 위해 재산 평가에 필요한 정보를 최대한 제공한다.

공동주택 및 오피스텔의 유사재산 매매사례가액 등과 토지 · 개별주택 · 일반건물 · 상장주식별로 시가와 보충적 평가액을 납세자가 확인할 수 있다.

'상속 · 증여재산 평가정보 조회' 항목에서는 상속 · 증여재산의 대부분을 차지하는 토지 · 주택 · 일반건물 · 상장주식별로 평가정보 제공시스템을 구축하고, 당해 재산의 매매가액과 유사재산의 매매사례가액, 기준시가 등 보충적 평가액 등의 조회가 가능하다.

특히, 국세청이 보유하고 있는 전국의 공동주택과 수도권 및 지방 5대 광역시에 소재하는 오피스텔의 유사재산 매매사례가액을 제공하여 납세자가 손쉽게 상속 · 증여재산의 시가를 열람할 수 있다.

또한, 평가기간 밖의 유사재산 매매사례가액이 확인되는 경우 재산평가심의위원회에 시가인정 심의를 신청할 수 있는 서비스도 함께 제공하고 있어 납세자의 불필요한 조세쟁송을 방지하고 성실신고를 최대한 지원하는 서비스를 제공한다.

6 시가산정이 어려운 경우 보충적 평가방법

1) 토지

- 개별공시지가 평가 www.realtyprice.kr

2) 주택

- 개별주택가격, 공동주택가격 평가 www.realtyprice.kr

3) 오피스텔 및 상업용건물

- 상가용건물, 오피스텔 기준시가 www.hometax.go.kr
  다만, 고시된 기준시가가 없는 경우 일반건물평가방법산정

4) 주택: 개별주택가격 및 공동주택가격

- 국세청장이 결정고시하는 공동주택가격 www.hometax.go.kr

5) 임대차계약이 체결된 부동산 등

사실상 임대차계약이 체결되거나 임차원이 등기된 부동산의 경우 토지의 개별공시지가 및 건물의 기준시가와 1년간 임대료를 환산율(12%)로 나눈 금액에 임대보증금을 합계한 금액을 토지와 건물별로 비교하여 큰 금액

8. 피상속인과 10년 이상 동거한 상속주택을 확인하라

거주자의 사망으로 상속이 개시되고 피상속인과 상속인이 10년 이상 같이 살던 집이 일정한 요건을 충족하는 경우 6억 원의 한도 내에서 상속주택가액의 100%를 상속세 과세가액에서 동거주택 상속공제를 한다.

1 동거주택 상속공제

다음의 요건을 모두 갖춘 경우에는, 상속주택가액의 100%에 상당하는 금액(상속개시일 현재 주택 및 주택부수토지에 담보된 피상속인의 채무를 차감한 가액)을 상속세 과세가액에서 동거주택 상속공제(6억 원 한도)로 차감한다.

- 피상속인이 거주자
- 피상속인과 상속인(직계비속에 한함)이 상속개시일부터 소급하여 10년 이상(상속인이 미성년자인 기간은 제외) 계속하여 하나의 주택에서 동거하고, 다만 피상속인과 상속인이 부득이한 사유로 동거하지 못한 때에는 계속 동거한 것으로 보나, 동거기간에는 산입하지 아니한다.

- 피상속인과 상속인이 10년 이상 계속하여 1세대 1주택에 해당할 것(고가주택을 포함하고 무주택기간이 있는 경우를 포함한다)
- 상속개시일 현재 피상속인과 공동으로 주택을 소유한 자도 포함한다.

2 일시적 2주택의 동거주택 상속공제

1세대가 다음의 어느 하나에 해당되어 2주택이 되는 경우에도 1세대 1주택을 소유한 것으로 보아 동거주택 상속공제를 적용한다.

상속개시일 현재 피상속인과 상속인이 동거하는 주택을 동거주택으로 본다. 일시적 2주택으로 보아 상속공제를 적용한다.

- 피상속인이 다른 주택을 취득(자가건설 포함)하여 일시적 2주택을 소유한 경우. 다만, 다른 주택을 취득한 날부터 2년 이내에 종전의 주택을 양도하는 경우만 해당된다.
- 상속인이 상속개시일 이전에 1주택을 소유한 자와 혼인한 경우. 다만, 혼인한 날부터 5년 이내에 상속인의 배우자가 소유한 주택을 양도한 경우만 해당된다.
- 피상속인이 문화재보호법 제47조 제1항에 따른 등록문화재에 해당하는 주택을 소유한 경우
- 피상속인이 소득세법 시행령 제155조 제7항 제2호에 따른 이농주택을 소유한 경우
- 피상속인이 소득세법 시행령 제155조 제7항 제3호에 따른 귀농주택을 소유한 경우

- 1주택을 보유하고 1세대를 구성하는 자가 상속개시일 이전에 60세 이상의 직계존속을 동거봉양하기 위하여 세대를 합쳐 일시적으로 1세대가 2주택을 보유한 경우. 다만, 세대를 합친 날부터 5년 이내에 피상속인 외의 자가 보유한 주택을 양도한 경우만 해당한다.
- 피상속인이 상속개시일 이전에 1주택을 소유한 자와 혼인함으로써 일시적으로 1세대가 2주택을 보유한 경우. 다만, 혼인한 날부터 5년 이내에 피상속인의 배우자가 소유한 주택을 양도한 경우만 해당된다.
- 피상속인 · 상속인이 이전에 상속하여 소수지분을 보유한 주택으로 공공상속주택의 소수지분을 추가보유하는 동거주택도 상속공제를 적용한다.

9. 상속재산의 협의분할과 반환

상속이 개시되고 공동상속인이 최초로 상속재산을 협의분할에 따라 나누고 상속인이 자신의 법정지분을 초과하여 상속재산을 취득하더라도, 그 초과 취득분에 대해서는 상속재산의 분할이므로 증여세를 과세하지 아니한다.

1 당초 상속분을 초과하여 취득

민법상 상속재산은 언제든지 협의분할이 가능하고 그 효력은 상속개시 당시로서 소급효가 인정된다. 그러나 상증법은 상속개시 후 상속재산에 대해 등기, 등록, 명의개서 등에 따라 각 상속인의 상속분이 확정되어 등기 등이 되고 난 후, 협의분할에 의해 특정 상속인이 당초 상속분을 초과하여 취득하는 경우에는 상속분이 감소된 자로부터 증여받은 것으로 본다.

2 재분할이나 증여가 아니다

다음의 사유로 재분할하는 경우에는 상속지분의 변동이 있더라도 증여로 보지 아니한다.

• 상속세 신고기한 이내 재분할에 의해 당초 상속분을 초과하여 취득

- 상속회복청구의 소에 의한 법원의 확정판결에 따라 상속인 및 상속재산의 변동
- 채권자 대위권 행사로 공동상속인들의 법정상속분의 등기가 재분할되는 경우
- 상속세 신고기한 내 물납을 하기 위해 신청하였으나 물납허가를 받지 못하거나 세무서장의 변경명령 등으로 인해 상속인 간의 협의분할

3 증여재산의 반환

증여받은 재산을 다시 증여자에게 반환하거나 재증여하는 경우, 그 반환 또는 재증여한 시기에 따라 증여세 과세대상이 달라진다.

금전은 반환여부와 반환시기를 객관적으로 확인하기가 어려운 특수성이 있다. 금전증여의 경우 다른 재산증여와 달리 신고기한 이내에 합의해제 하더라도 증여세를 부과한다.

반환 또는 재증여시기	당초 증여	반환 또는 재증여
증여세 신고기한 이내	과세 제외	과세 제외
신고기한 경과 후 3월 이내	과세	과세 제외
신고기한 경과 후 3월 후	과세	과세
금전 (시기무관)	과세	과세

10. 공익법인 출연의 선행! 절세조건을 충족하면 더욱 빛난다

사회전반의 나눔과 기부가 가치있는 덕목의 하나로 자리잡고 있다, 평생을 모은 재산을 오로지 자신과 가족을 위해서만 사용하는 것이 아니라 학교법인 등의 공익법인에 직접 출연하는 경우도 많다.

피상속인이 살아생전에 유언을 남기거나 사인증여를 통해 상속재산을 공익법인에 출연하는 때, 어떤 조건을 충족하면 사회의 공익을 위한 피상속인의 뜻이 더 잘 반영될 수 있을까?

1 공익법인

공익법인이란, 다음과 같은 사업을 영위하는 개인 또는 법인을 말한다.

- 종교의 보급, 기타 교화에 현저히 기여하는 사업
- 「초 · 중등교육법」 및 「고등교육법」에 의한 학교 및 「유아교육법」에 따른 유치원을 설립 · 경영하는 사업
- 「사회복지사업법」의 규정에 의한 사회복지법인이 운영하는 사업
- 「의료법」에 따른 의료법인이 운영하는 사업
- 「법인세법」 제24조 제2항에 해당하는 기부금을 받은 자가 해당 기부금으로 운영하는 사업
- 「법인세법 시행령」 제36조 제1항 제1호 각목의 규정에 의한 지정

기부금단체 등 및 「소득세법 시행령」 제80조 제1항 제5호에 따른 기부금대상 민간단체가 운영하는 고유목적사업. 다만, 회원의 친목 또는 이익을 증진시키거나 영리를 목적으로 대가를 수수하는 등 공익성이 있다고 보기 어려운 고유 목적사업은 제외한다.

- 「법인세법 시행령」 제36조 제1항 제2호 다목에 해당하는 기부금을 받는 자가 해당 기부금으로 운영하는 사업. 다만, 회원의 친목 또는 이익을 증진시키거나 영리를 목적으로 대가를 수수하는 등 공익성이 있다고 보기 어려운 고유 목적사업은 제외한다.

2 공익법인에 출연한 재산의 상속세 과세가액 불산입

공익법인에 상속재산을 출연하는 경우, 다음의 요건을 모두 충족하여야 한다.

- 종교, 자선, 학술 등 기타 공익법인 등에 상속재산을 출연하려면 상속세 신고기한(상속개시일이 속하는 달의 말일부터 6월 내)에 출연하면 상속세 과세가액에 산입되지 아니한다.
- 반드시 상속인 전원합의에 의한 출연이어야 한다.
- 상속인이 출연한 공익법인 등의 이사현원의 5분의 1을 초과하여 이사가 되어서는 아니되며, 이사의 선임 기타 사업운영에 관한 중요사항의 결정권한을 가지면 아니된다.

다만, 재산의 출연에 있어 법령상 또는 행정상의 사유로 출연재산의 소유권의 이전이 지연되는 경우와 상속받은 재산을 출연하여 공익법인 등을 설립하는 경우로서 법령상 또는 행정상의 사유로 공익법인 등의 설립허가 등이 지연되는 경우에는 부득이한 사유가 없어진 날이 속하는 달의 말일부터 6월 이내에 출연해야 한다.

3 공익법인에 주식을 출연하는 경우 상속세 과세

공익법인에 내국법인의 의결권 있는 주식을 출연하는 경우 일반공익 법인은 5%, 성실공익법인은 10%(의결권행사 제한 등의 일정요건을 갖춘 경우 20%) 초과분에 대해서 상속세가 과세된다.

4 공익법인의 사후관리

공익법인이 조세회피 은신처로 이용되는 것을 방지하기 위해서 엄격한 사후관리 규정을 두고 있다. 공익사업이 본래의 목적에 맞게 충실히 수행되는지를 확인하기 위하여 출연받은 재산을 3년 이내에 직접 공익목적사업에 사용해야 하는 등의 규정을 통해 철저한 관리를 진행해 나간다.

모든 공익법인은 결산서류등의 공시의무가 있으며 이를 위반하는 경우 자산총액의 0.5%의 가산세를 부과한다. 다만 자산이 5억 원 미만이고 연산 수입금액이 3억 원 미만은 법인은 간편양식을 사용할 수 있다.

이러한 사후관리 규정을 위반하는 경우에는 상속세는 물론 관련 가산세까지 추징한다.

11. 비상장주식 평가심의위원회 적극 활용하기

1 비상장주식 보충적 평가방법의 한계점

상속재산을 평가할 때 원칙적으로 시가는 해당 재산에 대한 사례가액을 우선 적용한다. 사례가액이 없는 경우에는 상증법에서 정하는 보충적 평가방법에 의해 평가한다.

비상장주식의 보충적 평가방법의 적정성에 대한 논란이 계속되고 있는바, 보충적 방법의 한계점을 개선하고 적정한 평가가액의 시가적용을 위하여 비상장주식평가를 위한 평가심의위원회가 설치되었다. 중소기업뿐 아니라 일반기업도 활용할 수 있도록 범위를 확대하였다.

보충적 평가방법에 의한 1주당 평가액이 너무 낮거나 높은 경우로서 합리성이 떨어지는 경우에는 평가심의위원회가 심의, 제시하는 평가가액으로 평가할 수 있다. 이때 보충적 평가방법에 의한 평가액의 70%까지를 비상장주식 1주당 가액으로 할 수 있다.

2 비상장주식 평가가액 심의

납세자 신청에 따라 평가심의위원회의 심의를 거쳐 비상장주식 평가가액을 시가로 적용하기 위해서는, 다음의 평가방법을 적용하여 신청할 수 있다. 이때 납세자가 평가한 가액은 보충적 평가방법에 따른 주식평가액의 70%에서 130% 범위 안의 가액으로 한정한다.

1) 유사상장법인 주가 비교평가방법

해당 법인의 자산, 매출액 규모 및 사업의 영위기간 등을 감안하여 같은 업종을 영위하고 있는 다른 법인(유가증권시장과 코스닥시장에 상장된 법인)의 주식가액을 이용하여 평가하는 방법

2) 현금흐름할인법

향후 기업에 유입될 것으로 예상되는 현금흐름에 일정한 할인율을 적용하여 평가하는 방법

3) 배당할인법

향후 주주가 받을 것으로 예상되는 배당수익에 일정한 할인율을 적용하여 평가하는 방법, 즉 배당흐름할인법

4) 그 밖의 이와 유사한 방법

위에 준하는 방법으로서 일반적으로 공정하고 타당한 것으로 인정되는 방법

3 신청방법

납세자는 평가심의위원회의 심의가 필요한 경우에는 상속세 과세

표준 신고기한 만료 4개월 전(증여의 경우 증여세 과세표준 신고기한 만료 70일 전)까지 다음의 자료를 첨부하여 평가심의위원회에 신청하여야 한다.

- 상증법 시행령 제54조 제1항, 제4항, 제55조 및 제56조에 따라 평가한 가액(보충적 평가방법에 따른 주식평가액) 및 그 평가 부속서류
- 보충적 평가방법에 따른 주식평가액이 불합리하다고 인정할 수 있는 근거자료와 해당 평가업무에 적용한 평가방법
- 상속세 및 증여세법 시행령 제54조 제6항 각호의 평가방법에 따라 평가한 비상장주식 등의 평가액 및 그 평가 부속서류

12. 상속의 복병! 최대주주 할증과세

1 비상장주식 최대주주 할증평가

비상장회사의 지배주주가 소유하는 주식은 경영권과 관계가 있고 소액주주가 소유하는 주식에 비하여 양도성 등에 차이가 있어 거래현실상 일반적으로 경영권 지배 프리미엄이 가산되고 그 가치가 높게 평가되는 것이 일반적이다. 비상장기업의 최대주주 및 일정한 특수관계자가 주식을 상속하거나 양도하는 경우 평가된 주식가액에 10~30%의 할증률을 가산한다.

1) 최대주주란

최대주주 등이란 주주 1인과 상속세 및 증여세법 시행령 제19조에 규정한 특수 관계에 있는 자가 보유하는 주식을 합하여 보유주식수가 가장 많은 경우 해당 주주 1인과 그와 특수 관계에 있는 모두를 말한다. 보유주식 합계가 동일한 최대주주 등이 2인 이상인 경우에는 모두를 최대주주로 본다.

지분율을 계산할 때 최대주주 등이 보유하는 주식의 지분은, 평가기준일부터 소급하여 1년 이내에 양도하거나 증여한 주식은 합산하고 자기주식은 제외하여 계산하여야 한다.

최대주주에 해당되면 자신의 지분율에 관계없이 모두 동일한 할증률을 적용하여 주식을 평가하여야 한다.

2) 할증평가율과 할증대상

2020. 1. 1. 이후 상속이 개시되거나 증여받는 분에 대하여 일반기업은 20%의 할증율을 적용하고 중소기업은 할증을 배제한다.

3) 할증배제

경영권 프리미엄이 형성되기 어려운 상황이거나 경영권 프리미엄이 반영된 거래가액을 시가로 인정하는 경우에는 할증평가를 하지 아니한다.

중소기업, 직전 3개년도 결손법인, 청산확정법인, 3년 미만인 법인, 명의신탁증여의제 등의 상증령 제53조 제6항에 규정된 경우 최대주주 할증과세를 배제한다.

13. 30억 원 배우자공제 적극 활용하기

1 상속인 간 협의분할하여 30억 원 배우자공제 한도 몽땅 사용하기

상속공제 중 공제한도가 가장 큰 항목이 배우자공제이다. 배우자가 실제 상속받은 금액을 상속세 과세가액에서 공제하고 30억 원을 한도로 배우자공제를 적용한다.

공동상속인 간의 협의분할을 통해 배우자에게 귀속되는 상속재산비율을 높이고, 다른 상속인에 비하여 공제한도가 큰 배우자 상속공제를 적극 활용하면 절세효과가 크다. 그리고 배우자가 다른 상속인들이 납부해야 할 상속세를 대신 납부하여도 추가적인 상속세나 증여세는 발생하지 아니한다.

이는 다른 상속인의 상속세에 대해 연대납세의무가 있으므로 대신 납부하는 상속세에 대해서는 증여세 과세대상이 아니다.

배우자가 사망하여 재상속이 개시되어도 배우자가 대신 납부한 상속세에 대해서는 재상속대상이 되지 아니하므로 해당 상속세에 대해서도 절세효과가 발생한다.

2 배우자의 상속공제 한도

상속인으로 배우자가 있고 그 배우자가 실제 상속받은 재산이 있는 경우, 다음의 금액을 배우자 상속공제액으로 적용받을 수 있다.

배우자의 상속공제: MAX [min1), 2)와 5억 원]

1) 배우자가 실제 상속받은 금액

2) [상속재산가액×배우자의 법정 상속지분]–배우자에게 10년 이내에 증여한 재산의 과세표준

3) 30억 원을 한도로 공제

상속재산가액
= 총 상속재산가액 + 상속인의 사전증여재산 – 상속인이 아닌 자가 유증받은 재산 – 비과세 상속재산 – 공과금, 채무 – 불산입 상속재산(공익법인 출연, 공익신탁 재산)

3 상속세에 대한 상속인 및 수유자의 연대납세의무

상속인 또는 수유자는 상속재산(상속재산에 가산하는 증여재산 중 상속인이나 수유자가 받은 증여재산 포함) 중 각자가 받았거나 받을 재산을 기준으로 계산한 금액을 상속세로 납부할 의무가 있으며, 각자가 받았거나 받을 재산을 한도로 연대납세의무가 있다.

'각자가 받았거나 받을 재산'에 사전증여재산이 가산되었다면, 그에 상응하는 증여세액을 공제하여야 한다.

상속인 및 수유자별 연대납세의무의 범위는 다음과 같다.

상속인별 상속받은 재산가액
+ 상속인별 사전증여받은 재산가액
− 상속인별 승계한 부채
− 상속인별 상속세 상당액
− 상속인별 증여세 상당액
= 각종 상속인의 연대납세의무 범위

4 상속세 연대납세의무자가 추가납부하는 상속세

연대납세의무자로서 각자가 받았거나 받을 상속재산의 한도 내에서 다른 상속인이 납부해야 할 상속세를 대신 납부하여도 증여세가 부과되지 아니한다.

5 기초공제 & 인적공제

1) 기초공제+인적공제

거주자의 사망으로 상속이 개시되는 경우 2억 원의 기초공제와 인적공제를 적용받을 수 있다.

구 분	자녀 공제	미성년자 공제	연로자 공제	장애인 공제
대상 요건	자녀 (인원 제한 없음)	상속인 (배우자 제외) 및 동거가족 중 19세 미만	상속인 (배우자 제외) 및 동거가족 중 65세 이상	상속인 및 동거가족 중 장애인
공제액	1인당 5천만 원 (인원수 제한 없음)	19세까지 잔여연수 ×1,000만 원 (인원수 제한 없음)	5천만 원 (남 · 여 모두 65세 이상)	통계청장이 고시한 기대여명× 1,000만 원

2) 일괄공제: MAX(기초공제+인적공제, 5억 원)

기초공제 2억 원과 인적공제를 합한 금액과 일괄공제 5억 원 중 큰 금액으로 선택하여 공제받을 수 있다.

3) 상속세 신고기한 내 무신고

상속세 과세표준 신고기한 이내에 상속세 신고를 하지 아니한 경우에는 기초공제 및 인적공제를 배제하고 일괄공제 5억 원만 적용가능하다.

4) 기한 후 신고

기한 후 신고시에도 기한 내 신고한 경우와 동일하게 기초 · 인적공제와 일괄공제 중 선택하여 적용할 수 있다.

14. 손녀, 손자에게 바로 상속하면 30% 할증된다

고액재산가들 중에는 여전히 자식에 대한 믿음을 가지지 못하고 불안해 하는 경우가 종종 있다. 자녀의 연이은 사업실패 등으로 자식에 대한 신뢰가 깨어지고 서로를 불신하면서 골이 깊어지기도 한다. 자녀에게 상속되거나 증여해야 할 자산을 자녀를 건너뛰고 바로 손녀, 손자에게 이전하는 경우가 생긴다.

정상적인 상속을 하면 자녀에게 한번, 손녀에게 한번, 두 번의 상속이 발생하지만, 바로 손녀에게 상속하면 상속세가 한번 밖에 부과되지 않기 때문에 할증을 하는 것이다.

1 직계비속에 대한 상속의 할증과세

상속인이 피상속인의 자녀를 제외한 직계비속(일반적으로 피상속인의 손녀 또는 손자)인 경우에는 상속세 산출세액에 상속재산 중 그 상속인이 받았거나 받을 재산이 차지하는 비율을 곱하여 계산한 금액의 30%를 가산한다. 그리고 피상속인의 자녀를 제외한 직계비속이면서 미성년자에 해당하는 상속인이 받았거나 받을 상속재산의 가액이 20억 원을 초과하는 경우에는 40% 상당액을 가산한다.

다만, 대습상속의 경우는 그러하지 아니한다. 이때 대습상속이란 추정상속인이 상속개시 전에 사망 또는 상속결격사유로 인하여 상속권을 상실한 경우에 그의 직계비속이 그에 갈음하여 상속하는 것을 말한다.

상속이 개시된 후 10년 이내에 상속인이 사망하여 다시 상속이 개시된 때에는 재상속 기간에 따라 10%에서 100%까지 세액공제를 받을 수 있다.

할증과세는 상속세 산출세액이 있는 경우에만 적용되므로, 상속재산이 많지 않은 경우에는 할증과세를 가정할 때의 상속세액도 추정하여 생각해볼 여지가 있다.

상속인이 건강이 좋지 아니한 경우에는 할증과세를 받더라도 세대를 건너뛰고 바로 손녀에게 상속하는 것이 유리한지, 아니면 정상적인 상속을 진행하고 단기재상속에 대한 세액공제를 받는 것이 절세가 되는지를 면밀히 살펴볼 필요가 있다.

2 직계비속에 대한 증여의 할증과세

수증자가 증여자의 자녀가 아닌 직계비속(일반적으로 증여자의 손녀 또는 손자)인 경우 증여세 산출세액의 30% 상당액을 가산한다. 그리고 수증자가 증여자의 자녀가 아닌 직계비속이고 미성년자인 경우로서 증여재산가액이 20억 원을 초과하는 경우에는 40%를 가산한다.

다만, 증여자의 최근친인 직계비속이 사망하여 그 사망자의 최근친인 직계비속이 증여받는 경우에는 그러하지 아니한다.

15. 아버지의 재산이 얼마인지 몰라요!

상속준비가 중요한 이유는 언제 돌아가실지 모르기 때문이다. 사전에 예고되어 있다면 남아있는 가족들은 상속세 신고로 수고로운 과정을 겪지 않을 수 있지만, 갑작스런 변고로 인한 사후정리는 참으로 힘겹다.

특히 피상속인의 실질적인 재산보유상황이나 부채현황 등을 미리 파악하지 않는다면, 상속인이 상속재산을 정확하게 파악한다는 것을 쉽지 않은 일이다.

1 안심상속 원스톱서비스

안심상속 원스톱서비스는 사망신고 시 상속재산 조회를 한 번에 신청하는 서비스로 ① 금융내역(은행 · 보험 등), ② 국세, ③ 지방세, ④ 자동차, ⑤ 토지, ⑥ 국민연금, ⑦ 공무원연금, ⑧ 사학연금, ⑨ 군인연금, ⑩ 건설근로자퇴직공제금, ⑪ 건축물 등의 재산조회를 한 번에 신청하여 내역을 확인할 수 있는 시스템이다.

사망신고와 동시에 또는 사망일이 속한 달의 말일로부터 6개월 이내에 전국 어디에서나 가까운 시 · 군, 읍 · 면 · 동을 방문하거나 사망신고 후 온라인(www.gov.go.kr)으로 신청할 수 있다.

1) 신청자격

민법상 제1순위 상속인으로 직계비속, 배우자나 제2순위 상속인인 직계존속, 배우자도 신청가능하다.

1, 2순위의 상속인이 없는 경우에는 증명서류를 첨부하여 형제자매도 신청할 수 있다.

대습상속인과 실종선고자의 상속인도 신청가능하다.

2) 신청방법

사망신고 시 가까운 시청이나 구청, 읍 · 면 · 동주민센터를 방문하여 신청하고, 사망일이 속하는 달의 말일부터 6월 이내에 신청 가능하다.

3) 구비서류

- 상속인이 신청할 경우 상속인 본인의 신분증 지참
- 대리인이 신청할 경우 대리인의 신분증, 상속인의 위임장, 상속인의 인감증명서
- 사망신고 이후에 신청할 경우에는 가족관계증명서를 제출한다.

4) 조회내용

금융거래와 체납세액 및 환급세액의 국세, 국민연금 등의 연금가입 유무, 개인별 토지 소유 현황, 지방세 체납액 및 환급세액, 자동차 소유현황 등을 확인할 수 있다.

5) 조회결과 확인방법

금융거래는 금융감독원(www.fss.or.kr), 국민연금은 국민연금공단 (www.nps.or.kr)에서 확인할 수 있다. 국세는 국세청 홈택스 (www. hometax.go.kr)에서 조회가 가능하다.

16. 거액의 상속세 & 증여세는 할부납부와 물납으로

상속세나 증여세는 큰 경우가 대부분이며 일시에 납부해야 하는 부담을 안고 있다. 세금납부를 위한 유동성 확보를 위해 자산을 매각하거나 대출을 일으키는 경우도 발생한다. 그만큼 자금융통에 애로점이 많다.

이러한 문제점을 완화시키기 위해 납부할 세액을 분납하거나 일정한 요건을 갖춘 경우 할부처럼 세금을 나누어서 낼 수 있는 연부연납 제도를 두고 있다.

1 연부연납

상속세나 증여세의 납부세액이 2천만 원을 초과하여 연부연납 신청기한 이내에 신청을 하고 납세담보를 제공하는 경우 분할납부를 허가할 수 있다.

1) 연부연납 신청기한

신청기한은 법정신고 기한 내에 자진신고한 세액은 법정신고기한 이내, 납세고지를 받은 경우는 납세고지서상 납부기한 이내, 연대납세의무자가 납부통지를 받은 경우 납부기한 이내에 신청해야 하며,

수정신고한 납부세액에 대해서도 연부연납신청이 가능하다.

2) 연부연납 허가기한

법정신고 기한 이내에 자진 신고한 세액을 법정신고 기한이 경과한 날부터 6개월(증여는 3개월) 이내, 납세고지서상 납부기한 경과한 날부터 14일 이내, 연대납세의무자가 납부통지를 받은 경우 납부통지서상 납부기한이 경과한 날부터 14일 이내에 연부연납 요건을 충족하는 경우 허가한다. 기한 후 신고에 따른 연부연납은 증여세 신고일이 속하는 달 말일부터 6월 이내, 상속세는 9월 이내 허가한다.

3) 납세담보 제공

금전, 국채증권, 납세보증보험증권, 은행 등의 납세보증서 등을 납세담보를 제공하고 연부연납 허가를 신청하는 경우 그 신청일에 허가를 받은 것으로 한다.

4) 연부연납기간

연부연납은 원칙적으로 허가일로부터 5년 이내의 기간으로 한다.

상속세의 경우 가업상속재산가액의 비율이 50% 미만인 경우 허가일로부터 10년 또는 허가 후 3년이 되는 날부터 7년으로 하며, 비율이 50% 이상인 경우 허가일로부터 20년 또는 허가 후 5년이 되는 날부터 15년의 기간으로 한다.

단, 각 회분의 분납세액이 1천만 원을 초과하도록 연부연납기간을 정해야 한다.

5) 연부연납 가산금

연부연납의 허가를 받은 경우 해당 가산금은 각 분할납부세액의 납부일 현재 이자율을 적용하여 계산한다.

6) 연부연납 취소

연부연납 허가를 받은 자가 다음의 경우에 해당되는 때에는 허가를 취소하고 세액을 징수할 수 있다.

- 연부연납세액을 지정된 납부기한까지 미납
- 담보보전이 필요한 관할 세무서장의 명령에 따르지 아니한 경우
- 납기 전 징수사유에 해당되어 연납기한까지 세액의 전액을 징수하기 어려운 경우
- 가업 상속된 사업을 폐업하거나 가업에 종사하지 않는 등의 사유가 발생한 경우

2 분할납부

상속세 또는 증여세의 납부세액이 1천만 원을 초과하는 경우 납부기한 경과 후 2개월 이내에는 가산금 없이 분할납부 할 수 있다.

- 납부할 세액이 2천만 원 이하일 때: 1천만 원을 초과하는 금액
- 납부할 세액이 2천만 원을 초과하는 때: 납부세액의 50% 이하의 금액

3 물납

세금은 현금으로 납부하는 것이 원칙이다. 상속세는 고액인 경우가 많아 현금으로 전액 일시납을 하는 것이 상당히 어렵다.

이러한 현실을 고려하여 상속받은 재산 중 부동산과 유가증권의 가액이 전체 재산가액의 1/2을 초과하고 납부세액이 2천만 원을 초과하는 경우로서 상속세 납부세액이 상속재산 중 금융재산가액을 초과하는 경우에는 상속받은 부동산이나 유가증권으로도 세금을 납부할 수 있다.

이때 유가증권에 비상장주식은 제외한다. 다만, 비상장주식은 납부할 상속세가 비상장주식 등을 제외한 상속재산으로 상속세를 납부하기 부족한 경우 그 부족분에 대해서만 물납이 가능하다. 반드시 물납신청기간 이내에 물납신청을 하여야 한다.

1) 물납 신청기한

- 법정신고기한 이내에 자진신고한 세액: 법정신고기한 이내
- 기한 후 신고한 세액: 기한 후 신고할 때
- 납세고지서상 세액: 납세고지서상 납부기한 이내
- 연대납세의무자가 통지를 받은 경우: 납부통지서상의 납부기한 이내
- 연부연납기간 중 분납세액[첫 회분 분납세액(중소기업자는 5회분 분납세액)]의 물납: 각 회분의 분납세액 납부기한 30일 전까지

2) 물납 허가기한

- 법정신고기한 이내에 자진신고한 세액: 법정신고기한 경과한 날부터 6개월
- 기한 후 신고한 세액: 신고한 날이 속하는 달의 말일부터 6개월
- 납세고지서상 세액: 납세고지서상 납부기한 경과한 날로부터 14일 이내
- 연대납세의무자가 통지를 받은 경우: 납부통지서상 납부기한 경과한 날로부터 14일 이내
- 연부연납기간 중 분납세액의 물납: 물납신청일로부터 14일 이내

Kim Yeon Ju & Lim Jun Chan

06
50% 상속세를 위해 기업을 매각할 것인가!
지금부터 기업승계를 시작하라

TAX

1. 기업승계 그것이 알고 싶다

1 기업승계란?

기업승계란, 사업의 동질성을 유지하면서 상속이나 증여를 통해 회사를 후계자에게 넘겨주는 것을 말한다.

직계비속인 자녀, 친족을 포함한 가족에게 승계하는 "친족 내 승계"와 외부의 전문경영인에게 기업을 위탁하는 "친족 외 승계"가 있다. 그러나 마땅한 가족이나 전문경영인을 찾지 못하는 경우에는 M&A 등을 통해 제3자에게 회사를 매각하여 경영하게 하는 경우도 있다.

2 기업승계 벌써부터 준비해야 하는가?

우리나라의 많은 기업들이 창업주에게 집중되어 경영되고 있다.

고령화가 진행되는 현실에서 창업주에게 어떤 일이라도 생긴다면 기업경영은 초비상 상황에 놓이게 된다. 뿐만 아니라 전혀 준비되지 않은 기업의 상속문제가 발생된다면, 상속인들은 황망한 상황에 처하게 된다.

가장 큰 문제는 갑작스러운 상속으로 인한 세금의 뒷감당이 어렵다는 것이다

기업상속에 대한 상속세는 50% 이상의 최고세율에 이른다. 대부분 세금을 현금으로 지급할 정도의 유동성이 충분하지 않다.

상속세 세부담 때문에 회사의 주식이나 사업용 재산을 처분해야 하는 상황이 발생하고, 주식을 양도하는 경우 제3자의 개입이 늘어난다. 경영권 방어가 어렵고 실질적인 회사 운영자체가 쉽지 않다.

기업승계 과정에서 발생하는 세부담은 경영자의 경영의욕을 저하시키고 계속기업의 영속성을 저해시킨다.

다음은 후계자 선정의 문제이다

후계자를 정한다는 것은, 현재의 경영자가 후임으로 물러난다는 것을 의미한다. 이는 곧 그동안 기업에서의 영향력을 더 이상 행사할 수 없는 것을 암시하므로, 현직에 있는 경영자들은 상당한 저항감을 느낀다. 건강에 특별한 문제가 없는 이상 차일피일 미루거나 모른 척하는 경우가 많고 승계를 논하는 것조차 꺼리게 된다. 또한 후계자의 입장에서도 승계를 얘기하는 것이 마치 부모의 재산이나 넘보는 자식으로 여겨지는 것이 두려워, 아버지의 그늘 밑에서 한세월 보내게 되는 것도 현실이다.

경영상의 문제점인 고객관리와 유지 등의 어려움이다

창업주에서 2세인 자녀에게 기업이 승계되어도 기존 고객의 이탈없이 활발히 거래가 유지되고 고객이 증대되어야 기업이 성장하고 발전하는 것은 당연한 이치이다. 그러나 가업승계의 시작과 함께 2세대 경영이 시작되어도, 기존의 고객과 2세대에 대한 신뢰가 형성되지 못한다면 사업의 유지 발전은 참으로 어려운 과제로 남는다.

또한 금융권이나 기존의 고객 등이 후계자에 대한 경영능력에 대해 확신을 가지지 못하거나 관계형성이 원활하지 못한 경우 기업경영에 상당한 어려움이 따른다. 이러한 점을 생각한다면 충분한 시간과 계획을 통해 후계자가 실질적인 경영을 할 수 있도록 길을 만들어주고 기존 고객과의 관계 형성에 만전을 기하여 보다 원활한 가업승계가 이루어지도록 준비하여야 한다.

2. 기업승계는 어떻게 이루어지는 것일까?

1 기업승계 프로세스

기업승계하면 가장 먼저 떠오르는 것이 세금이다. 세금문제 이상으로 중요한 것이 후계자 선정과 그 후계자에게 창업주의 정신과 경영기법, 그리고 기업핵심 노하우의 전수이다.

성공적인 기업승계를 위해서는 후계자와 밀접한 관계에 있는 이해관계자들의 지원이 중요하다. 다양한 사안이 얽혀있는 기업승계의 과정은 일반적으로 다음과 같이 이루어진다.

기업의 현재 상황 파악

↓

기업승계 유형 결정

↓

이해관계자 의견수렴 및 조정

↓

후계자 선정 및 교육

↓

경영권 및 소유권 이전

2 기업의 현재 상황 파악

먼저 회사의 자산과 부채를 점검하고 경영성과를 측정하여야 한다. 현재의 자금조달 현황과 해당 사업에서의 경쟁력 그리고 인적자원의 적정성 및 회사의 경영 리스크는 없는지를 파악하여야 한다. 또한 주주, 채권자, 고객, 금융기관 등 이해관계자들과의 관계를 점검하고 회사 운영의 근간이 되는 정관과 사내 규정 등을 정비하여야 한다.

더불어 창업자의 재산 소유 현황과 회사의 주요한 사업용 자산의 보유 형태를 파악하여 상속이 이루어질 경우 예상되는 상속세를 추정하고 납부세액의 재원을 어떻게 마련할 것인지를 반드시 확인해야한다. 또한 상속시 발생되는 문제점을 검토하고 해결방안을 모색해야 한다.

3 기업승계 유형 결정

기업승계는 사업의 동질성을 유지하면서 상속이나 증여를 통해 회사를 후계자에게 넘겨주는 것을 말한다. 직계존속인 자녀 및 친족을 포함한 가족에게 기업을 승계하는 경우와 친족외의 전문경영인에게 맡기는 경우가 있다. 그리고 마땅한 가족이나 전문경영인을 찾지 못하는 경우 M&A 등을 통해 회사를 매각하여 제3자에게 경영하게 하는 방법이 있다.

가족승계는 창업주의 경영철학이 가족에게 전해지고 기업은 창업주 정신을 유지할 수 있다. 그러나 승계자의 역량이 부족하거나 상속인이 2인 이상인 경우 재산분쟁 등으로 기업의 존태가 위험이 빠질 수 있다. 전문경영인에게 맡기는 경우는 경영의 전문성이 확보되나 책임경영에 대해 주의를 기울여야 한다.

M&A 등을 통한 기업매각에는 합병, 주식양도, 주식교환, 기업분할 등 기업 상황에 맞는 다양한 형태의 구조조정이 이루어진다. 기업을 매각하는 경우에는 실질적인 오너의 교체로 많은 혼선이 따를 수 있고 회사 내부의 혼란이 야기된다.

4 기업의 이해관계자 의견수렴 및 조정, 그리고 소통

기업과 관련된 이해관계자들은 다양하다. 내부적으로는 창업주의 가족 및 친족, 임직원을 비롯하여 외부적으로는 고객, 채권자, 주주, 금융기관 등이 있다.

회사의 이해관계자들에게 장수기업의 발판을 준비하는 기업승계의 중요성과 필요성을 반드시 설명하고 소통해야 한다. 이러한 과정 없이 깜짝쇼와 같은 후계자의 세대교체가 이루어진다면, 그동안 창업주와 오랜 시간 관계를 형성해온 이해관계자의 거센 반발로 엄청난 곤욕을 치룰 수 있다.

후계자 선정을 인정하지 못하는 경우에는, 형제간의 갈등과 반목으로 인해 기업 경쟁력과 에너지가 상실되고 기업발전을 저해하는 결과를 초래할 수 있다. 따라서 후계자를 선정하기 전에 회사의 이해관계자들의 의견수렴과 조정은 불가피한 요소이다. 그리고 후계자를 적극적으로 조력하는 임원진의 준비도 반드시 필요하다.

5 후계자의 선정 및 교육

다양한 이해관계자의 의견이 수렴되고 조정이 이루어지고 나면 가족이나 친족내 혹은 친족외 후계자의 후보가 있는지를 파악하고 창업주와 후계자의 승계의사를 확인해야 한다.

그리고 후계자 후보의 능력과 적성을 파악해야 한다. 즉, 후계자가 사업을 승계하여 유지발전 시킬 수 있는 역량이 있는지 여부를 확인해 볼 필요가 있다.

후보자의 통솔력, 의사소통능력, 인내력, 행동력, 경영능력, 인간관계 등 조직의 수장으로서의 능력 여부를 염두에 두어야 한다. 이러한 과정을 거쳐 후계자가 선정되면 기업경영을 위한 실질적인 경영교육과 더불어 회사의 경영이념과 기업의 핵심가치에 대한 전반적인 프로그램이 실행되어야 한다.

6 경영권 및 소유권 이전

후계자에 대한 실질적인 권한이양이 시작되는데, 기업의 책임자로서 지위를 부여하고 회사의 임직원 및 고객 그리고 금융기관 등의 이해관계자에게 경영권과 소유권 이전을 공식화하면서 본격적인 경영권의 승계가 시작된다.

기업승계에 따른 세부담을 최소화할 수 있는 절세 전략을 수립하고, 창업주는 자신의 은퇴설계와 상속을 위한 준비에 만전을 기해야 한다.

창업주가 사망한 후 발생할 수 있는 상속관련 분쟁을 사전에 예방하고 상속세 절세방안을 모색하며, 기업승계가 법적으로 문제가 되지 않도록 유언서도 함께 작성해 두어야 한다.

또한 경영권 및 소유권 이전에 대해 세법을 비롯한 다양한 법 규정이 충분히 반영되어야 한다.

3. 비상장주식평가 그 중요성에 대하여

1 비상장주식평가의 중요성

비상장기업의 상속이 일어나는 경우 재산가액을 평가할 때 가장 많은 관심을 가져야 하는 분야가 바로 기업 가치를 결정하는 주식의 평가이다. 주식이 얼마에 평가되느냐에 따라 상속재산의 규모가 드러나고 상속세가 산정된다. 비상장주식의 평가가 왜곡되는 경우 내지 않아도 되는 상속세를 과다하게 납부하거나 세무당국의 상속세 신고조사를 통해 추가적인 상속세가 추징되는 일은 상속인에게 상당한 부담으로 다가온다.

합리적인 비상장주식 산정은 상속세 신고의 중요한 핵심요소이다. 더불어 비상장주식평가는 실제 상속이 발생할 때 실시하는 것이 아니라, 평소 주기적인 점검을 통해 기업 가치를 예측하고 기업승계를 대비한 전략적 절세방안을 모색해야 한다.

2 비상장주식 평가방법

1) 상속개시일의 시가

상속세 및 증여세법에서 상속세가 부과되는 재산가액은 상속개시일 현재의 시가를 기준으로 한다.

시가는 불특정다수인 사이에 자유롭게 거래가 이루어지는 경우 통상적으로 성립된다고 인정되는 가액을 말한다.

비상장주식의 경우 개별적인 자산에 대한 객관적인 교환가치를 적정하게 반영한 시가를 산정하는 것이 어렵다. 가액 산정이 모호한 경우에는 상속 개시일을 기준일로 하여 상속개시일 전후로 6개월 이내 매매가액, 감정가액, 수용, 공매 등이 있는 경우에는 그 금액을 시가로 본다.

시가 산정이 어려운 경우에는 보충적 평가방법을 적용하도록 하고 있다.

2) 비상장주식의 보충적 평가방법

비상장주식평가 시 시가가 없는 경우에는 1주당 순손익가치와 1주당 순자산가치를 각각 3과 2의 비율로 가중평균한 가액으로 평가한다.

부동산과다보유법인은 1주당 순손익가치와 1주당 순자산가치 각각 2와 3의 비율로 가중평균한 가액으로 평가한다.

다만, 그 가중평균한 가액이 1주당 순자산가치에 80%를 곱한 금액보다 낮은 경우에는 1주당 순자산가치의 80%를 곱한 금액을 비상장주식 등의 가액으로 한다.

3 비상장주식 1주당 평가액

1주당 평가액은 1주당 가중평균액과 1주당 순자산가치 평가액 중 큰 금액을 비상장주식가액으로 한다.

MAX [1주당 가중평균액 vs 1주당 순자산가치×80%]

$$1\text{주당 가중평균액} = \frac{1\text{주당 순손익가치}\times 3 + 1\text{주당 순자산가치}\times 2}{5}$$

$$1\text{주당 순손익가치} = \frac{1\text{주당 최근 3년간의 순손익액의 가중평균액}}{\text{순손익가치 환원율}(10\%)}$$

$$1\text{주당 순자산가치} = \frac{\text{해당 법인의 순자산가액}}{\text{발행주식총수}}$$

1주당 추정이익 평균가액으로 평가하는 경우

최근 3년간의 순손익액이 비정상적으로 증가하거나 1년 이상 휴업한 법인, 합병 등 조직변경, 주요 업종변경 등의 상증법 시행규칙 제17조의3항에 해당되어 1주당 최근 3년간의 순손익액의 가중평균액으로 순손익가치를 산정하기 어려운 경우에는 1주당 추정이익 평균가액을 적용할 수 있다.

1주당 추정이익은 둘 이상의 신용평가전문기관 또는 회계법인, 세무법인이 산출한 1주당 추정이익의 평균가액이다.

[1주당 최근 3년간 순손익액의 가중평균액 or 1주당 추정이익의 평

균가액] 중 선택하여 신고할 수 있다.

$$1\text{주당 순손익가치} = \frac{1\text{주당 최근 3년간의 순손익액의 가중평균액}}{\text{순손익가치 환원율}(10\%)}$$

$$1\text{주당 순자산가치} = \frac{1\text{주당 추정이익의 평균가액}}{\text{순손익가치 환원율}(10\%)}$$

요건에 해당되어 1주당 추정이익을 적용하는 경우에는 반드시 상속세 신고기한 내에 추정이익 평균가액을 신고하여야 한다.

만약 상속세 신고기한이 경과하고 상속세 조사를 하는 시점에 상속인이 주식가치 평가의 문제점을 발견하고 1주당 추정이익을 적용하여 주식가치 평가를 요청하여도 세무당국은 이를 수용하지 아니한다.

1주당 추정이익의 요건에 해당되는 법인은 반드시 적극적으로 이 규정을 활용하고 비상장주식가치가 왜곡되지 않도록 주의하여야 한다.

순자산가치로만 평가하는 경우

청산이나 휴·폐업 등으로 정상적인 영업활동이 이루어지지 않는 기업의 경우에는 순손익가치평가에 대한 의미가 없으므로 순자산가치로만 비상장주식을 평가한다.

청산절차가 진행 중이거나 사업자의 사망 등으로 사업이 계속되기가 곤란하다고 인정되는 법인의 주식, 사업개시 전의 법인, 사업개시 후 3년 미만의 법인 또는 휴·폐업 중인 법인의 주식, 법인자산 중 부동산 등의 비율이 80% 이상인 법인의 주식, 법인 자산총액 중 보유 주식 등의 합계액이 80% 이상인 주식, 정관에 존속기한이 확정된 법인으로 평가기준일 현재 잔여 존속기한이 3년 이내인 법인 주식 등의 경우에는 1주당 순자산가치만 적용하여 비상장주식평가한다.

4 부동산과다법인 비상장주식가액

1) 부동산 보유비율이 50% 이상인 부동산과다보유법인

평가대상법인이 자산총액 중 부동산 및 부동산에 관한 권리, 다른 부동산과다보유법인 주식가액의 비율이 50% 이상인 부동산과다보유법인의 주식평가액

1주당 평가액: MAX [1주당 가중평균액 vs 1주당 순자산가치×80%]

$$1주당\ 가중평균액 = \frac{1주당\ 순손익가치 \times 2 + 1주당\ 순자산가치 \times 3}{5}$$

$$1주당\ 순손익가치 = \frac{1주당\ 최근\ 3년간의\ 순손익액의\ 가중평균액}{순손익가치\ 환원율(10\%)}$$

2) 부동산과다보유법인이란?

법인자산총액 중 토지, 건물, 부동산에 관한 권리, 다른 부동산과다보유법인의 주식가액의 합계액이 50% 이상인 법인을 말한다. 해당 주식의 평가기준일 현재의 법인 자산총액을 기준으로 판정한다.

토지, 건물 등은 장부가액과 기준시가 중 큰 금액으로 평가하고, 건설중인 자산은 자산에 포함시키지 아니한다. 그리고 개발비, 사용수익기부자산, 평가기준일부터 소급하여 1년이 되는 날부터 평가기준일까지의 기간 중에 차입금 또는 증자 등에 의하여 증가한 현금, 금융재산, 대여금의 합계액은 자산총액에서 제외된다.

부동산보유비율을 조정하기 위해서는 현금 등의 보유기간이 1년 이상으로서 충분한 시간을 가져야 자산가액에 합산될 수 있다.

영업권의 경우 3년간 계속하여 결손금이 있는 법인 등은 자산가액에 합산하지 아니한다.

3) 부동산보유비율이 80% 이상인 경우는 1주당 순자산가치로 평가

법인자산총액 중 토지, 건물, 부동산에 관한 권리, 다른 부동산과다보유법인의 주식가액의 비율이 80% 이상인 법인의 경우에는 1주당 순자산가치로만 주식가치를 평가한다.

4. 가업상속공제의 효과

가업승계란 기업이 동일성을 유지하면서 상속이나 증여를 통해 기업의 소유권 또는 경영권을 후계자에게 이전하는 것을 말한다. 경영자가 살아있을 때 주식이나 사업용 재산 등을 넘겨주는 경우 증여가 발생하고, 경영자가 사망한 후 주식 등이 후계자에게 이전되는 때에는 상속이 일어난다.

1 가업상속공제란?

가업의 핵심기술와 경영노하우가 보다 원활하게 후계자에게 이전될 수 있도록 세법상 지원하는 제도를 가업상속공제라 한다. 피상속인의 가업영위기간에 따라 200억~500억 원까지 상속세 과세가액에서 공제하고, 가업승계에 따른 상속세 부담을 줄여주는 지원책를 말한다. 우리나라 경제발전의 중추적인 역할을 하는 중소기업의 원만한 승계와 지속적인 발전을 위한 세법상 가업승계 지원제도의 핵심이다.

가업상속공제의 사후관리에 대한 까다로운 요건으로 가업승계를 위한 실질적인 활용도가 상대적으로 미흡하였다. 2020. 1. 1.이후부터 업종 · 자산 · 고용유지 의무기간을 7년으로 단축하고 고용유지조건 및 자산유지의무의 완화와 더불어 업종변경이 가능한 범위도 확대하였다.

가업승계로 인해 부담해야 하는 상속세의 세율 구조는 다음과 같다. 상속세의 구체적인 세액은 과세표준에 세율을 곱하여 계산한다. 현행 세율은 10~50%까지 5단계 누진세율구조이며, 상속세와 증여세의 세율은 동일하다.

[상속세율 및 증여세율 구조]

상속세 및 증여세 과세표준	세 율
1억 원 이하	10%
1억 원 초과~5억 원 이하	1천만 원 + 1억 원 초과금액의 20%
5억 원 초과~10억 원 이하	9천만 원 + 5억 원 초과금액의 30%
10억 원 초과~30억 원 이하	2억 4천만 원 + 10억 원 초과금액의 40%
30억 원 초과	10억 4천만 원 + 30억 원 초과금액의 50%

2 가업상속공제 금액

거주자의 사망으로 상속이 개시되는 경우로서 가업상속에 해당되는 경우, 다음의 금액 중 큰 금액을 상속세 과세가액에서 공제한다. 단 500억 원을 한도로 한다.

가업상속 공제금액: MAX(①, ②)
① MIN(가업상속 재산가액×100%, 피상속인의 가업영위 기간별 한도*)
② MIN(가업상속 재산가액, 2억 원)
500억 원 한도

* 피상속인의 가업영위 기간별 한도

피상속인의 가업영위 기간	공제한도
10년 미만	가업상속공제 적용안됨
10년 이상~20년 미만	200억 원
20년 이상~30년 미만	300억 원
30년 이상	500억 원

가업상속공제 한도를 적용할 때 피상속인이 둘 이상의 독립된 가업을 영위하는 경우, 상속세 과세가액에서 피상속인이 계속 경영한 기간이 긴 기업의 가업상속 재산가액부터 순차적으로 공제한다.

3 가업상속공제 요건

피상속인 요건	상속인 요건
• 중소기업 · 중견기업의 최대주주 등으로 50% 이상의 지분을 계속 보유 • 총가업기간의 50% 또는 10년 이상 대표이사로 재직	상속개시일 현재 • 18세 이상 자녀 또는 그 배우자 • 2년 이상 가업에 종사 • 2년 이내 대표자로 취임

1) 중소기업과 중견기업

가업상속공제는 중소기업과 중견기업(상속이 개시되는 소득세 과세기간 또는 법인세 사업연도의 직전 3개 소득세 과세시간 또는 법인세 사업연도의 매출액의 평균금액이 3천억 원 이상인 기업은 제외)으로, 피상속인이 10년 이상 계속하여 경영한 기업에 대해 적용한다.

2) 피상속인 요건

피상속인이 상속개시일 현재 거주자로서 10년 이상 계속하여 경영하고, 가업영위기간 중에 50% 이상의 기간 등 일정기간 이상을 대표이사로 재직하여야 한다.

개인사업자로서 영위하던 가업을 동일업종의 법인으로 전환하여 피상속인이 법인 설립일 이후 계속하여 그 법인의 최대주주 등에 해당되는 경우에는 개인사업자로 가업을 영위한 기간을 포함하여 10년 여부를 판단하며, 대표이사 기간을 산정할 때 개인사업자의 대표자인 기간을 포함한다.

그리고 가업이 중견기업에 해당하는 경우로서 가업을 상속받거나 받을 상속인의 가업상속재산 외에 받거나 받을 상속재산의 가액이 가업상속공제를 받지 않았을 경우에 해당 가업상속인이 납부할 의무가 있는 상속세액에 200%를 곱한 금액을 초과하면 해당 상속인이 받거나 받을 가업상속재산에 대해서는 가업상속공제를 적용하지 아니한다.

3) 상속인 요건

상속인은 상속개시일 현재 18세 이상이어야 하며, 상속개시일 전에 2년 이상 직접 가업에 종사하여야 한다. 그리고 상속세 과세표준 신고기한까지 임원으로 취임하고, 상속세 신고기한부터 2년 이내에 대표이사로 취임하는 요건을 모두 충족하여 한다. 또한 상속인의 배우자가 해당 요건을 모두 충족한 경우 상속인이 그 요건을 갖춘 것으로 본다.

4) 피상속인의 출자지분 요건

중소기업 등의 최대주주 등으로서 피상속인과 그의 특수관계인의 주식 등을 합하여 해당 기업의 발행주식 총수 등의 50% 이상을 10년 이상 계속하여 보유해야 한다. 이 경우 가업상속이 이루어진 후에 가업상속 당시 최대주주 등에 해당하는 자가 사망하여 상속이 개시되는 경우는 그러하지 아니한다. 최대주주라 함은 주주 등 1인과 특수관계인의 보유주식 등을 합하여 그 합계가 가장 많은 경우의 해당 주주 1인과 그의 특수관계인을 말한다.

가업상속공제는 피상속인, 상속인, 피상속인의 출자지분 요건을 모두 충족할 때 적용할 수 있다.

4 가업상속공제 제출서류

- 가업상속공제신고서
- 가업상속 재산가액 명세서
- 최대주주를 입증하는 서류
- 상속인의 가업종사를 입증하는 서류

5 가업상속공제 후 7년간의 사후관리

가업상속공제의 사후관리기간이 10년에서 7년으로 단축되었으며 산업변화의 트렌드에 맞추어 업종변경의 범위가 소분류 내에서 중분류내로 확대되었다. 다만 중분류 외에 업종변경이 필요한 경우에는 전문가의 승인을 거쳐 예외적으로 허용한다.

자산유지도 업종변경에 따라 자산처분을 인정하며 중견기업의 고용유지의무도 중소기업처럼 100%이상 유지되도록 완화되었다. 그러나 피상속인, 상속인이 상속기업의 탈세, 회계부정 등으로 형사처벌받는 경우에는 가업상속공제를 배제한다.

가업상속공제를 받은 상속인이 상속개시일부터 7년 이내에 정당한 사유없이 해당 가업용 자산의 20%(5년 이내 10%) 이상을 처분하거나, 상속인이 가업에 종사하지 않는 경우, 상속받은 지분이 감소되는 경우에는 상속세 과세가액에 산입하여 상속세를 부과한다.

사후관리를 위반하는 경우 다음과 같은 기간별 추징률을 달리하여 과세하고, 이에 상당하는 이자도 상속세와 함께 부과된다.

위반 기간	기간별 추징율
5년 미만	100%
5년 이상 7년 미만	80%

6 가업상속공제 중소기업 & 중견기업의 요건

1) 중소기업

상속개시일 직전 소득세 과세기간 또는 법인세 사업연도 말 현재 다음의 요건을 모두 갖춘 기업을 말한다.

- 별표에 따른 업종을 주된 사업으로 영위할 것
- 매출액이 중소기업기본법 시행령 별표에 따른 규모 기준 이내일 것
- 소유와 경영의 실질적인 독립성이 중소기업기본법 시행령 제3조 제1항 제2호에 적합할 것
- 자산총액이 5천억 원 미만일 것

2) 중견기업

상속개시일 직전 소득세 과세기간 또는 법인세 사업연도 말 현재 다음의 요건을 모두 갖춘 기업을 말한다.

- 별표에 따른 업종을 주된 사업으로 영위할 것
- 중소기업이 아닐 것
- 소유와 경영의 실질적 독립성이 「중견기업 성장촉진 및 경쟁력 강화에 관한 특별법 시행령」 제2조 제2항 제1호에 적합할 것
- 상속개시일의 직전 3개 소득세 과세기간 또는 법인세 사업연도의 매출액 평균금액이 3천억 원 미만인 기업일 것

3) 별표에 따른 업종을 주된 사업으로 영위하는 중소·중견기업

(상속세 및 증여세법 시행령 제15조 제1항 및 제2항 관련 별표)

• 한국표준산업분류에 따른 업종

참고●

표준산업분류상 구분	가업 해당업종
가. 농업, 임업 및 어업 (01~03)	작물재배업(011) 중 종자 및 묘목생산업(01123)을 영위하는 기업으로서 다음의 계산식에 따라 계산한 비율이 100분의 50 미만인 경우 [제15조 제7항에 따른 가업용 자산 중 토지(공간정보의 구축 및 관리 등에 관한 법률에 따라 지적공부에 등록해야 할 지목에 해당하는 것을 말한다.) 및 건물(건물에 부속된 시설물과 구축물을 포함한다)의 자산액의 가액]÷(제15조 제7항에 따른 가업용 자산의 가액)
나. 광업(05~08)	광업 전체
다. 제조업(10~33)	제조업 전체. 이 경우 자기가 제품을 직접 제조하지 않고 제조업체(사업장이 국내 또는 개성공업지구 지원에 관한 법률 제2조 제1호에 따른 개성공업지구에 소재하는 업체에 한정한다)에 의뢰하여 제조하는 사업으로서 그 사업이 다음의 요건을 모두 충족하는 경우를 포함한다. 1) 생산할 제품을 직접 기획(고안·디자인 및 제작 등을 말한다)할 것 2) 해당 제품을 자기명의로 제조할 것 3) 해당 제품을 인수하여 자기책임하에 직접 판매할 것
라. 하수, 폐기물 처리, 원료 재생, 환경정화 및 복원업(37~39)	하수·폐기물 처리(재활용을 포함한다), 원료 재생 및 환경 정화 및 복원업 전체
마. 건설업(41~42)	건설업 전체
바. 도매 및 소매업(45~47)	도매 및 소매업 전체

표준산업분류상 구분	가업 해당업종
사. 운수업(49~52)	여객운송업[육상운송 및 파이프라인 운송업(49), 수상 운송업(650), 항공 운송업(51) 중 여객을 운송하는 경우]
아. 숙박 및 음식점업 (55~56)	음식점 및 주점업(56) 중 음식점업(561)
자. 정보통신업(58~63)	출판업(58), 영상 · 오디오 기록물 제작 및 배급업(59). 다만, 비디오물 감상실 운영업(59142)을 제외. 방송업(60), 통신업(61) 중 전기통신업(612), 컴퓨터 프로그래밍. 시스템 통합 및 관리업(62), 정보서비스업(63)
차. 전문, 과학 및 기술 서비스업(70~73)	연구개발업(70), 전문서비스업(71) 중 광고업(713), 시장조사 및 여론조사업(714), 건축기술, 엔지니어링 및 기타 과학기술 서비스업(72) 중 기타 과학기술 서비스업(729), 기타 전문, 과학 및 기술 서비스업(732) 중 전문 디자인업(7321)
카. 사업시설관리 및 사업지원 서비스업 (74~75)	사업시설 관리 및 조경 서비스업(74) 중 건물 및 산업설비 청소업(7421), 사업지원 서비스업(75) 중 고용알선 및 인력 공급업(751, 농업노동자 공급업을 포함한다). 경비 및 경호 서비스업(7531), 보안시스템 서비스업(7532), 콜센터 및 텔레마케팅 서비스업(75991), 전시, 컨벤션 및 행사 대행업(75992), 포장 및 충전업(75994)
타. 임대업: 부동산 제외(76)	무형재산권 임대업(764, 지식재산 기본법 제3조 제1호에 또 다른 지식재산을 임대하는 경우로 한정한다)
파. 교육서비스업(85)	교육 서비스업(85) 중 사회교육시설(8564), 직원훈련기관(8565), 기타 기술 및 직업훈련학원(85669)
하. 사회복지 서비스업(87)	사회복지 서비스업 전체
거. 예술, 스포츠 및 여가 관련 서비스업(90~91)	창작, 예술 및 여가관련서비스업(90) 중 창작 및 예술 관련 서비스업(901), 도서관, 사적지 및 유사 여가관련 서비스업(901). 다만, 독서실 운영업(90212)은 제외한다.
너. 협회 및 단체, 수리 및 기타 개인 서비스업 (94~96)	기타 개인 서비스업(96) 중 개인 간병인 및 유사 서비스업(96993)

• 개정법률의 규정에 따른 업종

참고

가업 해당업종	관련 법령	세부사항
가. 직업기술 분야 학원	조세특례제한법 제7조 제1항 제1호 커목	직업기술학원업, 직업능력개발훈련시설업
나. 엔지니어링사업	조세특례제한법 시행령 제5조 제7항	엔지니어링 활동: 과학기술의 지식을 응용하여 수행하는 사업이나 시설물에 관한 ㉮ 연구 · 기획 · 타당성 조사 · 설계 · 분석 · 계약 · 구매 · 조달 · 시험 · 감리 · 시험운전 · 평가 · 검사 · 안전성 검토 · 관리 · 매뉴얼 작성 · 자문 · 지도 · 유지 또는 보수 활동, ㉯ ㉮목의 활동에 대한 사업관리, ㉰ 과학기술의 지식을 응용하여 수행하는 사업이나 시설물에 관한 견적(見積) · 설계의 경제성 및 기능성 검토 · 시스템의 분석 및 관리 활동 엔지니어링 사업: 엔지니어링 활동을 수행하는 사업
다. 물류산업	조세특례제한법 시행령 제5조 제8항	화물운송업, 화물취급업, 보관 및 창고업, 화물터미널운영업, 화물운송 중개 · 대리 및 관련 서비스업, 화물포장 · 검수 및 형량 서비스업, 예선업(항만법), 도선업(도선법)
		기타 산업용 기계장비 임대업 중 팔레트 임대업
라. 주문자상표부착방식에 따른 수탁생산업	조세특례제한법 시행령 제6조 제1항	위탁자로부터 주문자상표부착방식에 따른 제품생산을 위탁받아 이를 재위탁하여 제품을 생산 · 공급하는 사업
마. 자동차정비공장운영업	조세특례제한법 시행령 제54조 제1항	자동차종합정비업: 모든 종류의 자동차에 대한 점검 · 정비 및 튜닝작업의 사업장 소형자동차정비업: 승용자동차 · 경형 및 소형의 승합 · 화물 · 특수 자동차에 대한 점검 · 정비 및 튜닝작업의 사업장

가업 해당업종	관련 법령	세부사항
바. 선박관리업	해운법	국내외의 해상운송인, 선박대여업을 경영하는 자, 관공선 운항자, 조선소, 해상구조물 운영자, 그 밖의 선원법상의 선박소유자로부터 기술적·상업적 선박관리, 해상구조물관리 또는 선박시운전 등 업무의 전부 또는 일부를 수탁(국외의 선박관리사업자로부터 그 업무의 전부 또는 일부를 수탁하여 행하는 사업을 포함한다)하여 관리활동을 영위하는 업(業)을 말함.
사. 의료기관운영업	의료법	㉮ 의원급의료기관(의원·치과의원·한의원), ㉯ 조산원, ㉰ 병원급 의료기관(병원·치과병원·한방병원·요양병원·종합병원)을 말함.
아. 관광사업(카지노업, 관광 유흥 음식점업 및 외국인전용유흥 음식점업 제외)	관광진흥법	여행업
		관광숙박업: 호텔업, 휴양콘도미니엄업
		관광객이용시설업: 전문휴양업, 종합휴양업, 야영장업, 관광유람선업(일반유람선, 크루즈), 관광공연장업
		국제회의업: 국제회의시설업, 국제회의기획업
		유원시설업: 종합유원, 일반유원, 기타유원 시설업
		관광편의시설업: 관광극장유흥업, 관광식당업, 관광펜션업, 한옥체험업, 외국인관광도시민박업, 시내순환관광업, 여객자동차터미널시설업, 관광궤도업
		관광편의시설업: 관광사진업
자. 노인복지시설 운영업	노인복지법	노인주거복지시설·노인의료복지시설·노인여가복지시설·재가노인복지시설·노인보호전문기관·노인일자리지원기관을 말함.

가업 해당업종	관련 법령	세부사항
차. 재가장기요양기관 운영업	노인장기요양보험법 제32조	재가장기요양기관으로서 장기요양급여를 제공하는 기관
카. 전시산업	전시산업발전법	전시시설을 건립 · 운영하거나 전시회 및 전시회부대행사를 기획 · 개최 · 운영하고 이와 관련된 물품 및 장치를 제작 · 설치하거나 전시공간의 설계 · 디자인과 이와 관련된 공사를 수행하거나 전시회와 관련된 용역 등을 제공하는 산업
타. 에너지절약전문 기업 운영업	에너지이용합리화법 제25조	㉮ 에너지사용시설의 에너지절약을 위한 관리 · 용역사업, ㉯ 에너지절약형 시설투자에 관한 사업, ㉰ 신에너지 및 재생에너지원의 개발 및 보급사업, ㉱ 에너지절약형 시설 및 기자재의 연구개발사업
파. 직업능력개발훈련 시설운영업	근로자직업능력 개발법	직업능력개발훈련을 위하여 ㉮ 국가 · 지방자치단체 및 공공단체가 설치한 공공직업훈련시설과 ㉯ 직업전문학교 · 실용전문학교 등의 시설로서 고용노동부장관이 지정한 시설을 말함.
하. 일반도시가스 사업	도시가스사업법 제2조 제4호	가스도매사업자 등으로부터 공급받은 도시가스 또는 스스로 제조한 석유가스, 나프타부생가스, 바이오가스를 일반의 수요에 따라 배관을 통하여 수요자에게 공급하는 사업을 말함.
거. 연구개발지원업	국가과학기술 경쟁력 강화를 위한 이공계 지원특별법 제2조 제4호 나목	영리를 목적으로 기술정보 제공, 컨설팅, 시험 · 분석 등을 통하여 이공계 분야의 연구와 개발을 지원하는 업종을 말함.
너. 주택임대관리업	민간임대주택에 관한 특별법	주택의 소유자로부터 임대관리를 위탁받아 관리하는 ㉮ 자기관리형 주택임대관리업과 ㉯ 위탁관리형 주택임대관리업을 말함.
더. 신 · 재생에너지 발전사업	신에너지 및 재생에너지 개발 · 이용 · 보급 촉진법	신 · 재생에너지를 이용하여 전기를 생산하는 것을 말함.

4) 업종별 매출액 규모기준

(중소기업기본법 시행령 별표)

• 업종별 매출액 규모기준

참고

해당 기업의 주된 업종	분류기호	규모기준
1. 의복, 의복액세서리 및 모피제품 제조업	C14	평균매출액등 1,500억 원 이하
2. 가죽, 가방 및 신발 제조업	C15	
3. 펄프, 종이 및 종이제품 제조업	C17	
4. 1차 금속 제조업	C24	
5. 전기장비 제조업	C28	
6. 가구 제조업	C32	
7. 농업, 임업 및 어업	A	평균매출액등 1,000억 원 이하
8. 광업	B	
9. 식료품 제조업	C10	
10. 담배 제조업	C12	
11. 섬유제품 제조업(의복 제조업은 제외한다)	C13	
12. 목재 및 나무제품 제조업(가구 제조업은 제외한다)	C16	
13. 코크스, 연탄 및 석유정제품 제조업	C19	
14. 화학물질 및 화학제품 제조업 (의약품 제조업은 제외한다)	C20	
15. 고무제품 및 플라스틱제품 제조업	C22	
16. 금속가공제품 제조업(기계 및 가구 제조업은 제외한다)	C25	
17. 전제부품, 컴퓨터, 영상, 음향 및 통신장비 제조업	C26	
18. 그 밖의 기계 및 장비 제조업	C29	
19. 자동차 및 트레일러 제조업	C30	
20. 그 밖의 운송장비 제조업	C31	
21. 전기, 가스, 증기 및 공기조절 공급업	D	

<table>
<tr><th>해당 기업의 주된 업종</th><th>분류기호</th><th>규모기준</th></tr>
<tr><td>22. 수도업</td><td>E36</td><td rowspan="4"></td></tr>
<tr><td>23. 건설업</td><td>F</td></tr>
<tr><td>24. 도매 및 소매업</td><td>G</td></tr>
<tr><td>25. 음료 제조업</td><td>C11</td></tr>
<tr><td>26. 인쇄 및 기록매체 복제업</td><td>C18</td><td rowspan="7">평균매출액등 800억 원 이하</td></tr>
<tr><td>27. 의료용 물질 및 의약품 제조업</td><td>C21</td></tr>
<tr><td>28. 비금속 광물제품 제조업</td><td>C23</td></tr>
<tr><td>29. 의료, 정밀, 광학기기 및 시계 제조업</td><td>C27</td></tr>
<tr><td>30. 그 밖의 제품 제조업</td><td>C33</td></tr>
<tr><td>31. 수도, 하수 및 폐기물 처리, 원료재생업 (수도업은 제외한다)</td><td>E(E36 제외)</td></tr>
<tr><td>32. 운수 및 창고업</td><td>H</td></tr>
<tr><td>33. 정보통신업</td><td>J</td><td rowspan="7">평균매출액등 600억 원 이하</td></tr>
<tr><td>34. 산업용 기계 및 장비 수리업</td><td>C34</td></tr>
<tr><td>35. 전문, 과학 및 기술 서비스업</td><td>M</td></tr>
<tr><td>36. 사업시설관리, 사업지원 및 임대 서비스업 (임대업은 제외한다)</td><td>N(N76 제외)</td></tr>
<tr><td>37. 보건업 및 사회복지 서비스업</td><td>Q</td></tr>
<tr><td>38. 예술, 스포츠 및 여가 관련 서비스업</td><td>R</td></tr>
<tr><td>39. 수리(修理) 및 기타 개인 서비스업</td><td>S</td></tr>
<tr><td>40. 숙박 및 음식점업</td><td>I</td><td rowspan="5">평균매출액등 400억 원 이하</td></tr>
<tr><td>41. 금융 및 보험업</td><td>K</td></tr>
<tr><td>42. 부동산업</td><td>L</td></tr>
<tr><td>43. 임대업</td><td>N76</td></tr>
<tr><td>44. 교육 서비스업</td><td>P</td></tr>
</table>

* 해당 기업의 주된 업종의 분류 및 분류기호는 「통계법」 제22조에 따라 통계청장이 고시한 한국표준산업분류표에 따른다.
* 위 표 제19호 및 제20호에도 불구하고 자동차용 신품 의자 제조업(C30393), 철도차량부품 및 관련 장치물 제조업(C31202) 중 철도차량 의자 제조업, 항공기 부품 제조업(C31322) 중 항공기용 의자 제조업의 규모 기준은 평균매출액등 1,500억 원 이하로 한다.

5. 가업상속 상속세! 20년간 분할납부

상속세법은 상속인이 부담해야 하는 거액의 상속세를 분할납부할 수 있는 연부연납제도를 두고 있다. 일반적인 상속의 경우에는 연부연납기간을 허가일로부터 5년 내로 한다.

반면 원활한 가업승계를 지원하기 위하여 소비성 서비스업을 제외한 모든 업종에 대해 상속재산 중 가업상속재산이 50% 이상인 경우 그 가업상속재산에 상당하는 상속세에 대하여 연부연납을 허가받은 후 최장 20년 또는 5년 거치 15년의 범위에서 연부연납기간을 정하여 분할납부가 가능하다.

가업상속재산의 비율이 50% 미만인 경우에는 연부연납 허가 후 10년 또는 3년 거치 7년의 범위에서 연부연납기간을 정하여 분할납부할 수 있다. 이는 상속인의 상속세 납부로 인한 과중한 부담을 덜어주고, 승계받은 가업의 원활한 경영지원을 위한 제도로서 적극 활용할 필요가 있다.

1 가업상속공제와 연부연납기간 특례의 선택

상속인은 가업상속재산에 대해 가업상속공제를 적용받거나 연부연납기간을 선택하여 20년간 분할하여 납부할 수 있으며, 연부연납허가신청서를 관할 세무서장에게 제출하여야 한다.

$$\text{가업상속 연부연납 상속세액} = \text{상속세 납부세액} \times \frac{(\text{가업상속재산}-\text{가업상속공제액})}{(\text{총상속재산가액}-\text{가업상속공제액})}$$

2 가업상속재산

가업상속재산은 가업상속공제를 받았거나 가업상속의 요건을 모두 갖추어 가업을 상속받은 경우의 상속재산을 말한다.

- 개인기업: 상속재산 중 사업에 직접 사용되는 토지, 건축물, 기계장치 등 사업용 자산
- 법인기업: 주식가액×(1−업무무관자산의 비율)
- 사립유치원: 유아교육법 제7조 제3호에 따른 사립유치원에 직접 사용하는 교지, 실습지, 교사 등

3 연부연납기간

연부연납기간은 50%의 가업상속재산의 비율에 따라 다음과 같이 구분된다.

1) 상속재산 중 가업상속재산이 50% 미만인 경우

가업상속공제 요건에 해당되어 가업상속공제를 받은 가업상속재산에 대한 연부연납의 기간은 연부연납 허가일부터 10년 또는 연부연납 허가 후 3년이 되는 날부터 7년으로 한다. 다만, 각 회분의 분납세액

이 1천만 원을 초과하도록 연부연납기간을 정해야 한다.

2) 상속재산 중 가업상속재산이 50% 이상인 경우

상속재산(상속인이 아닌 자에게 유증한 재산은 제외) 중 가업상속재산이 차지하는 비율이 50% 이상인 경우에 가업상속재산에 대한 연부연납 기간은 연부연납 허가일부터 20년 또는 연부연납 허가 후 5년이 되는 날부터 15년으로 한다. 다만, 각 회분의 분납세액이 1천만 원을 초과하도록 연부연납기간을 정해야 한다.

4 연부연납 가산금

연부연납을 하는 경우 연부연납세액 중 납부하지 아니한 금액에 대하여 각 분할납부세액의 납부일 현재 이자율을 적용한 이자상당액을 함께 납부하여야 한다.

6. 창업자금 증여특례란

중소기업 창업자금에 대한 증여세 특례규정은 2006년부터 도입되어 시행되고 있다.

부모로부터 창업자금을 증여받아 창업하는 경우로서, 중소기업 경영자의 고령화에 따른 사전의 계획적인 기업승계를 뒷받침하고 원활한 가업승계를 지원하여 경제 활성화를 도모하기 위함이다.

가업승계에 대한 증여세 과세특례 제도와 더불어 사전상속제도로서 다음 세대로의 부의 이전을 촉진하고 경제 활력을 촉진하기 위한 제도이다.

1 창업자금 증여세 특례

18세 이상인 거주자가 일정한 업종을 영위하는 중소기업을 창업할 목적으로 60세 이상의 부모로부터 토지, 건물 등 양도소득세가 과세되는 재산을 제외한 창업자금[증여세 과세가액 30억 원(창업을 통하여 10명 이상을 신규 고용한 경우 50억 원)을 한도]에 대해 증여세 과세가액에서 5억 원을 공제하고 10% 세율을 적용하여 증여세를 과세한다.

2 창업자금 증여과세

증여세 납부세액=(증여세 과세가액-5억 원)×10%
※ 증여세 과세가액 30억 원 한도
창업으로 10명 이상 신규 고용시 50억 원 한도

3 창업자금 증여공제 요건

1) 증여자 요건

창업자금을 증여하는 자는 60세 이상의 부모이다. 증여 당시 부모가 생존해 있지 아니한 경우는 할아버지, 할머니, 외할아버지, 외할머니로부터 증여를 받은 경우에도 해당한다.

창업자금을 2회 이상 증여받거나 부모로부터 각각 증여받는 경우에는 각각의 증여세 과세가액을 합산하여 적용한다.

2) 수증자 요건

18세 이상인 자녀가 중소기업을 창업할 목적으로 60세 이상의 부모로부터 토지, 건물 등 양도소득세 과세대상이 되는 재산을 제외한 재산을 증여받아 증여받은 날부터 2년 이내에 창업을 하고 증여받은 날부터 4년이 되는 날까지 해당 창업자금을 모두 사용해야 한다.

증여는 수증자별 과세가 원칙이므로, 자녀들이 각각 증여받는 경우 각각 증여공제를 적용하여 계산한다. 이러한 요건을 모두 충족한 경우 증여세 과세가액에서 5억 원을 공제하고 10% 세율을 적용하여 증여세를 부과한다.

3) 적용대상 기업

창업자금 적용대상 기업은 조세특례제한법 제6조 제3항에서 정한 일정한 업종을 영위하는 중소기업을 말한다.

제조업 등 31개 업종에서 업종이 확대되어 번역 및 통역서비스업, 경영컨설팅업, 콜센터 및 텔레마케팅 서비스업 등 세세분류기준 87개의 업종이 추가되었다.

- 중소기업의 업종요건

참고

1. 광업
2. 제조업
3. 건설업
4. 음식점업
5. 출판업
6. 영상 · 오디오 기록물 제작 및 배급업(비디오물 감상실 운영업은 제외)
7. 방송업
8. 전기통신업
9. 컴퓨터 프로그래밍, 시스템통합 및 관리업
10. 정보서비스업(뉴스제공업, 블록체인기반 암호화자산 매매 및 중개업은 제외)
11. 연구개발업
12. 광고업
13. 그 밖의 과학기술 서비스업
14. 전문디자인업

15. 전시 · 컨벤션 및 행사대행업
16. 창작 및 예술관련 서비스업(자영예술가는 제외)
17. 대통령령으로 정하는 엔지니어링사업
18. 대통령령으로 정하는 물류산업
19. 「학원의 설립 · 운영 및 과외교습에 관한 법률」에 따른 직업기술 분야를 교습하는 학원을 운영하는 사업 또는 「근로자직업능력개발법」에 따른 능력개발훈련시설을 운영하는 사업(직업능력개발훈련을 주된 사업으로 하는 경우에 한한다)
20. 「관광진흥법」에 따른 관광숙박업, 국제회의업, 유원시설업 및 대통령령으로 정하는 관광객이용시설업
21. 「노인복지법」에 따른 노인복지시설을 운영하는 사업
22. 「전시산업발전법」에 따른 전시산업
23. 인력공급 및 고용알선업(농업노동자 공급업을 포함)
24. 건물 및 산업설비 청소업
25. 경비 및 경호 서비스업
26. 시장조사 및 여론조사업
27. 사회복지 서비스업
28. 보안시스템 서비스업
29. 통신판매업
30. 개인 및 소비용품 수리업
31. 이용 및 미용업

4) 창업자금의 범위

특례가 적용되는 재산에는 증여를 통한 양도소득세의 우회적인 회피를 막기 위하여 양도소득세 과세대상이 되는 재산이 제외된다. 조세특례제한법상 사업용 자산의 취득자금, 사업장의 임차보증금 및 임차료, 상장법인의 소액주주가 보유하는 주식, 회사채 같은 채권 등이 해당되고 일반적으로 현금 등이 포함된다.

5) 창업자금 사용기한

해당 기간 내에 창업을 하지 않거나, 창업자금을 그 외의 용도로 사용한 경우, 창업 후 10년 이내에 해당 사업을 폐업한 경우 등에는 그 창업자금 전체 혹은 용도에 사용되지 않은 창업자금에 대해 증여세 및 이자상당액이 추징된다.

6) 창업자금 증여세 과세특례신고 & 가업승계 증여특례 중복배제

창업자금 증여특례를 적용받는 경우에는 가업승계 증여특례의 중복적용을 배제한다.

그리고 가업승계 증여특례와 창업자금 증여특례의 적용을 받는 재산은 다른 증여와는 달리 기간에 관계없이 상속세 과세가액에 가산한다. 또한 창업자금에 대해서는 증여세 신고세액공제를 적용하지 아니한다.

7. 가업승계 증여세 조세특례

가업승계 증여특례는 가업승계를 목적으로 하는 주식 등을 증여하는 경우, 해당 중소기업을 경영하는 경영자의 고령화에 따른 생전의 계획적인 가업승계를 지원하고 경제성장을 도모하며 원활하게 기업의 승계가 이루어질 수 있도록 지원하는 제도이다.

1 가업승계 증여세 조세특례란?

이 제도는 2인 이상 가업을 승계하는 경우에도 가업승계자 모두에게 적용되며, 18세 이상인 거주자가 가업을 10년 이상 계속하여 영위한 60세 이상의 부모로부터 해당 가업의 승계를 목적으로 주식 등(증여세 과세가액 100억 원 한도)을 증여받고 가업을 승계한 경우 증여세 과세가액에서 5억 원을 공제하고 세율을 10%(과세표준 30억 원 초과분은 20%)로 하여 증여세를 부과한다.

이후 실제 증여한 부모가 사망한 경우 증여 당시 재산가액을 상속재산에 가산하여 상속세로서 정산하는 특례규정이다. 따라서 가업승계 주식을 증여받고 상속이 개시되는 경우 가업상속공제 요건을 충족한다면 가업상속공제를 적용한다.

2 가업승계 증여세 과세특례

조세특례를 적용받기 위해서는 증여를 받는 자(수증자)가 증여세 과세표준 신고기한까지 가업에 종사하고, 증여일로부터 5년 이내에 대표이사에 취임한 뒤 최소한 10년까지 대표이사직을 유지해야 한다.

만일 조세특례를 적용받은 뒤 요건을 충족하지 못한 경우, 즉 주식 등을 증여받은 수증자의 지분이 감소되는 등의 경우에는 조세특례가 부인되어 증여세 및 이자상당액을 추징당한다.

증여세 부담액
=[주식 등 가액(100억 원 한도)–5억 원×10%(과세표준 30억 원 초과분은 20%)

적용대상기업은 중소기업, 중견기업으로서 부모가 10년 이상 계속하여 경영한 기업으로 개인사업자는 적용대상이 되지 아니한다. 주식가액을 산정할 때는 업무무관자산은 제외하고 가업자산상당액만이 적용대상이 된다.

가업승계에 대한 증여세 과세표준을 신고하는 경우 신고세액공제 및 연부연납은 적용하지 아니하나 분납 규정은 적용한다.

3 가업승계 증여세 과세특례 적용요건

증여자 요건	수증자 요건
• 가업을 10년 이상 계속 경영한 60세 이상의 부모 • 중소기업 및 중견기업의 최대주주 등으로 50% 이상의 지분을 계속 보유 • 10년 이상 계속하여 실제 경영에 참여한 자의 지분	• 18세 이상 자녀 또는 그 배우자 • 증여세 과세표준 신고기한까지 가업에 종사 • 증여일로부터 5년 이내 대표자로 취임

1) 증여자

중소기업 또는 중견기업(가업승계 공제대상 기업조건과 동일)으로서 해당 기업을 10년 이상 계속하여 경영한 60세 이상인 부모이고, 최대주주로서 지분율(특수 관계인 포함) 50%(상장법인 30%)를 계속 보유하며 10년 이상 계속하여 실제 경영에 참여한 자의 지분이어야 한다. 또한 가업승계에 따라 주식전부를 증여하여 최대주주 등이 아니게 된 경우도 포함한다.

2) 수증자

2인 이상이 가업을 승계하는 경우에도 가업승계자 모두에게 적용되며 18세 이상인 거주자 또는 배우자로서 증여세 과세표준 신고기한까지 가업에 종사하고, 증여일로부터 5년 이내에 대표이사에 취임해야 한다.

4 가업승계 증여세 과세특례 신청

증여세 과세표준 신고기한까지 증여세 과세표준 신고와 함께 가업승계 주식 등 특례적용신청서를 반드시 납세지 관할 세무서장에게 신청하여야 한다.

주의할 사항은 창업자금에 대한 증여세 특례제도와 중복적용을 하지 아니한다.

5 가업승계의 사후관리

주식 등을 증여받은 자가 5년 이내에 가업을 승계하지 아니하거나, 가업을 승계한 후 주식 등을 증여받은 날부터 7년 이내에 정당한 사유없이 가업에 종사하지 아니하거나, 가업을 휴업 및 폐업하는 경우 또는 지분율이 감소하는 때에는 해당 주식가액의 상당액에 대하여 증여세를 추징한다. 업종유지요건이 완화되어 중분류 내 업종변경이 허용되고 전문가 위원회 심의를 거쳐 중분류 외 업종 변경이 예외적으로 인정된다.

6 다른 증여재산과 10년 이내 합산 배제

증여세를 정산할 때는 증여일 전 10년 이내에 동일인(증여자가 직계존속인 경우 그 직계존속의 배우자를 포함)으로부터 받은 증여재산가액을 합친 금액이 1천만 원 이상인 경우, 그 가액을 증여세 과세가액에 가산하는 것이 원칙이다.

그러나 가업주식의 증여특례를 적용하는 경우에는 동일인으로부터 증여받은 가업승계 주식 외의 다른 증여재산가액은 가업승계 주식의 증여세 과세가액에 가산하지 아니한다.

7 기간에 관계없이 가업승계 증여주식가액은 상속세 과세가액에 가산

가업승계 증여주식은 각 상속인별 상속세 납부의무와 연대납부의무를 적용할 때 상속재산에 가산하는 증여재산으로 본다. 증여받은 날부터 상속개시일까지의 기간에 관계없이 증여 당시 재산가액을 상속세 과세가액에 가산하되, 상속공제의 한도를 적용할 때는 상속세 과세가액에 가산한 증여재산가액으로 보지 아니한다.

8 가업승계 증여특례 적용 후 상속개시

상속개시일 현재 피상속인이 대표이사로 재직해야 하는 요건을 제외한 가업상속공제 요건을 충족한 가업이어야 하며, 증여받은 주식의 지분이 유지되고 가업에 종사하거나 대표이사로 재직하는 경우에는 가업상속으로 보아 가업상속공제를 적용한다.

8. 과다납부 상속세 돌려받자. 상속세 경정청구 활용하기!

상속세는 상속이 발생하고 6개월 이내에 상속인들이 상속세를 신고 납부하여도 납세자의 신고로 확정되는 세금이 아니라, 상속인들이 신고 납부한 자료를 토대로 세무당국이 상속세를 상속세 과세표준 신고기한으로부터 9개월(증여세 과세표준 신고기한부터 6개월) 내에 결정, 고지하는 정부부가제도이다.

과세관청은 상속세 신고에 대한 세무조사를 실시하면서 누락된 상속재산을 찾아내고, 과소평가된 상속재산에 대해서는 과세가액을 정정하고 상속세를 추가 징수한다. 이에 반해 상속재산이 아닌 재산을 과세대상으로 신고하거나 상속재산이 과대하게 평가된 경우에도 적극적으로 이를 감액 처리하여 상속세를 정정해주는 것일까? 결론부터 말하자면 그렇지 않다.

상속세를 과다납부 하였다면 납세자가 적극적으로 일정 기간 내에 과다납부한 상속세에 대해 환급절차를 신청해야 한다. 즉, 상속세 경정청구 제도를 활용하여야 한다.

1 상속세 경정 등 청구 사유

상속재산을 과대평가하거나 상속채무를 누락한 경우 또는 당초의 취득 계약이 무효이거나 계약취소 등으로 취득권이 소멸한 경우, 상속재산이 타인의 재산으로 밝혀지고 착오 등으로 상속공제가 누락되는 등의 사유가 발생한 경우 상속세 경정청구를 신청할 수 있다. 경정 등 청구를 받은 세무당국은 청구내용을 확인하여 청구를 받은 날부터 2개월 이내에 그 결과를 통지해야 한다.

2 상속세 경정 등 청구대상자

상속세 신고서를 법정신고기한까지 제출하고 상속세 법정신고기한으로부터 5년이 경과되지 아니하고, 당초 상속세 신고가 과다하게 신고되었거나 상속세 결정금액이 과다하게 계산된 경우 등 다음의 요건을 충족한 경우 상속세 경정 청구를 할 수 있다.

다만, 당초 상속재산 귀속의 변경이나 소송결과에 따른 경우에는 사유를 안 날로부터 3개월 이내에 청구할 수 있다.

참고

국세기본법 제45조의2【(경정 등의 청구)】

① 과세표준신고서를 법정신고기한까지 제출한 자는 다음 각 호의 어느 하나에 해당할 때에는 최초신고 및 수정신고한 국세의 과세표준 및 세액의 결정 또는 경정을 법정신고기한이 지난 후 5년 이내에 관할 세무서장에게 청구할 수 있다. 다만, 결정 또는 경정으로 인하여 증가된 과세표준 및 세액에 대하여는 해당 처분이 있음을 안 날(처분의 통지를 받은 때에는 그 받은 날)부터 90일 이내(법정신고기한이 지난 후 5년 이내로 한정한다)에 경정을 청구할 수 있다. 〈개정 2010. 12. 27., 2014. 12. 23.〉

1. 과세표준신고서에 기재된 과세표준 및 세액(각 세법에 따라 결정 또는 경정이 있는 경우에는 해당 결정 또는 경정 후의 과세표준 및 세액을 말한다)이 세법에 따라 신고하여야 할 과세표준 및 세액을 초과할 때
2. 과세표준신고서에 기재된 결손금액 또는 환급세액(각 세법에 따라 결정 또는 경정이 있는 경우에는 해당 결정 또는 경정 후의 결손금액 또는 환급세액을 말한다)이 세법에 따라 신고하여야 할 결손금액 또는 환급세액에 미치지 못할 때

② 과세표준신고서를 법정신고기한까지 제출한 자 또는 국세의 과세표준 및 세액의 결정을 받은 자는 다음 각 호의 어느 하나에 해당하는 사유가 발생하였을 때에는 제1항에서 규정하는 기간에도 불구하고 그 사유가 발생한 것을 안 날부터 3개월 이내에 결정 또는 경정을 청구할 수 있다. 〈개정 2015. 12. 15.〉

1. 최초의 신고 · 결정 또는 경정에서 과세표준 및 세액의 계산 근거가 된 거래 또는 행위 등이 그에 관한 소송에 대한 판결(판결과 같은 효력을 가지는 화해나 그 밖의 행위를 포함한다)에 의하여 다른 것으로 확정되었을 때
2. 소득이나 그 밖의 과세물건의 귀속을 제3자에게로 변경시키는 결정 또는 경정이 있을 때
3. 조세조약에 따른 상호합의가 최초의 신고 · 결정 또는 경정의 내용과 다르게 이루어졌을 때
4. 결정 또는 경정으로 인하여 그 결정 또는 경정의 대상이 되는 과세기간 외의 과세기간에 대하여 최초에 신고한 국세의 과세표준 및 세액이 세법에 따라 신고하여야 할 과세표준 및 세액을 초과할 때
5. 제1호부터 제4호까지와 유사한 사유로서 대통령령으로 정하는 사유가 해당 국세의 법정신고기한이 지난 후에 발생하였을 때

3 상속세 등 경정 청구방법

다음의 사항을 기재한 결정 또는 경정청구서를 제출하여야 한다.

- 청구인의 성명과 주소
- 결정 또는 경정 전의 과세표준 및 세액
- 결정 또는 경정 후의 과세표준 및 세액
- 경정 청구 사유에 해당됨을 입증하는 서류 등

9. 국세청은 해외에 쌓아둔 재산도 다 찾아낸다!

국세청은 2011년을 시작으로 해외에서 부동산 투기거래를 하고 해외계좌를 개설하여 재산을 은닉하는 역외탈세에 대해 엄중한 과세를 실시해오고 있다.

역외탈세 분야에 집중하여 2013년 이후 매년 1조 원 이상의 세금을 추징하고, 2018년에는 1조 3,376억 원을 징수하는 등 탈세에 대해 강도 높은 세무조사를 적극적으로 실시하고 있다.

이처럼 해외에 거점을 두고 일어나는 역외탈세를 원천적으로 방지하기 위하여 국가차원의 근거과세를 위한 법안을 마련하고 국가 간 금융정보를 교환하는 등 다양한 사회전반의 제도를 정비하고 인프라를 구축하였다.

1 해외부동산 신고

상속세, 증여세를 면피하기 위하여 해외에서 부동산을 취득하고 차액을 이용한 투기거래에 대해 전면적인 관리가 시작되었다. 개인이나 법인이 해외에서 부동산을 취득하거나 임대하는 경우 취득 및 투자운용 명세서를 신고함은 물론이고, 2018년부터 해외에서 부동산을 처분하는 경우에도 신고해야 한다. 신고를 이행하지 아니하는 경우에는 과태료가 부과된다.

다만, 해외부동산 취득을 신고한 개인이 시민권을 취득한 경우에는 보고하지 아니하여도 된다.

참고 ●

해외부동산 거래 단계별 의무사항

※ (신규신고) ① 부동산을 취득 또는 임차(1만 불 초과시)하는 경우 외국환은행장 앞 신고 · 수리사항, ② 그 외 저당권 등 부동산 관련 권리를 취득하는 경우 한국은행총재 앞 신고 · 수리사항

※ (보고) 최초 부동산 취득 신고 이후에도 해외부동산의 취득보고, 수시보고, 처분보고를 하여야 함.

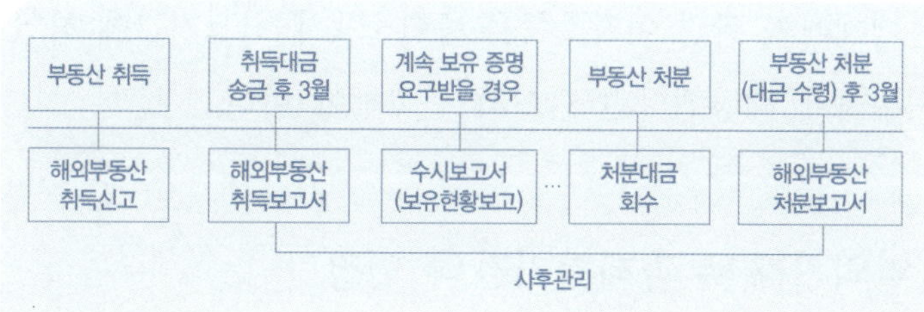

2 해외금융계좌 신고

납세자가 해외에 보유하고 있는 금융계좌를 국세청에 신고해야 한다. 현실적으로 해외에 있는 내국법인의 재산보유나 금융계좌내역을 파악하기가 쉽지 않다. 이러한 점을 악용하여 해외로 자산을 도피하거나 해외유령자회사를 만들어 세부담 없는 이익을 분여하는 경우가 많았다.

국세청은 이러한 역외탈세를 막기 위하여 해외금융계좌 신고의무를 두고, 탈세방지를 위해 적극 활용하고 있다.

거주자로서 국내에 주소를 두거나 183일 이상의 거소를 둔 개인과 내국법인과 내국법인의 해외지점, 해외사업장신고대상연도 종료일 현재 내국법인 중 해외금융계좌 잔액 합계액이 5억 원을 초과하는 날이 하루라도 있는 경우 신고하여야 한다.

해외금융계좌란 예금, 적금, 증권, 보험, 파생상품 등 해외금융회사와의 모든 금융거래를 위해 개설된 계좌를 말한다.

해외금융계좌 신고제도는 소득세 신고제도와는 별개의 제도이다. 외국은행계좌와 관련 이자소득을 종합소득세 신고기간에 하였더라도 계좌의무자에 해당된다면 반드시 신고해야 한다.

3 역외거래 부과제척기간의 연장

역외거래에 대한 정보를 입수하고 근거과세를 위한 자료 확보 등을 하는 데에는 상당한 시간이 소요된다.

역외탈세에 대한 과세실효성을 거두기 위하여 세금을 부과할 수 있는 기간을 과소 신고에 대해서는 7년으로, 무신고에 대해서는 10년으로 연장하였다. 그리고 외국의 과세당국에 정보교환을 요청하고 2년 이내에 회신을 받는 경우에는 회신을 받는 날로부터 부과제척기간을 1년 더 연장하였다.

4 국가 간 금융정보 자동교환협정

조세 회피처나 해외현지법인 등을 통해 조세를 탈루하는 역외탈세에 적극적으로 대응하기 위하여 국세청은 국가 간의 다자간 금융정보 자동교환협정(MCAA)을 체결하였다. 이 협정을 체결한 국가의 금융기관들은 자신들이 보유하고 있는 계좌 중 상대국 납세자의 금융계좌 정보를 매년 정기적으로 상호 교환할 수 있다. 이를 근간으로 역외탈세 혐의를 정밀분석 하고자 한다.

시행국가는 2018년 79개국이였으나, 103개국 이상으로 더 확대될 예정이다.

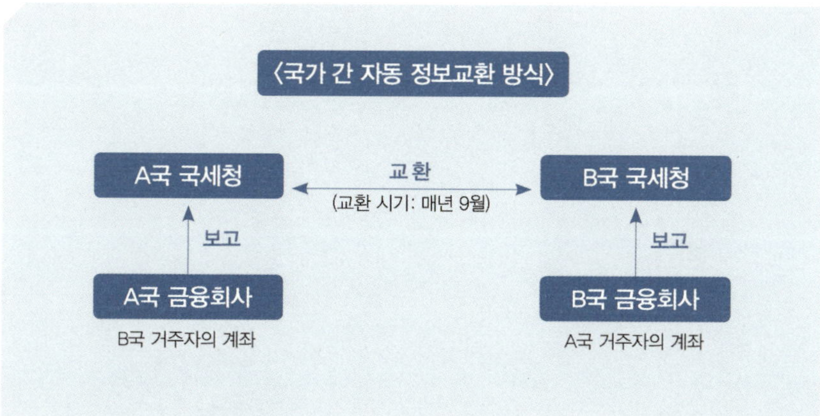

그리고 경제개발협력기구(OECD)의 BEPS(소득이전을 통한 세원잠식) 프로젝트 법령을 개정하고, 각국의 조세제도의 허점을 이용하여 세부담을 줄이려는 국제적 조세회피행위를 적극적으로 방지하고 있다.

5 합리성이 없는 국제거래의 명확화

국제거래의 경우 조세회피를 위한 거래인지 실질적인 사업상의 거래인지 여부를 판단하는데 현실적인 어려움이 많았다. 이를 보완하여 국제조세조정에 관한 법률 규정(제5조 제3항)을 정비하여 국제거래의 실질내용을 파악하고 합리성이 결여된 거래에 대해 부인할 수 있는 기준을 마련하였다.

Kim Yeon Ju & Lim Jun Chan

07
양도소득세! 집 파는 것이 불안하다!
양도소득세 폭탄, 그것이 알고 싶다

1. 양도 개념과 양도소득
2. 양도소득 과세대상자산 & 양도 차 · 손익의 통산
3. 장기보유특별공제
4. 취득시기와 양도시기 그리고 보유시기의 중요성!
5. 미등기 양도자산의 위험성
6. 양도소득세 세액계산
7. 양도소득세 계산구조
8. 양도소득세율 알아두기
9. 양도소득세 가산세 주의!
10. 거짓 계약서 작성시 양도소득세 비과세 · 감면배제
11. 양도소득세 신고납부 및 제출서류

TAX PLANNING

1. 양도 개념과 양도소득

1 양도의 개념

양도란, 자산에 대한 등기 또는 등록과 관계없이 매도, 교환, 법인에 대한 현물출자 등을 통하여 그 자산을 유상(有償)으로 사실상 이전하는 것을 말한다.

자산 이전에 있어 형식이 아닌 실질거래가액이 형성되어 이루어지는 경우, 유상 이전의 형식이나 형태에 불문하고 양도로 본다.

즉, 매도뿐 아니라 교환, 법인에 대한 현물출자, 대물변제, 공매, 경매 등도 양도로 본다. 그리고 증여자의 부동산에 설정된 채무를 부담하면서 증여가 이루어지는 부담부증여에 있어서 수증자가 인수하는 채무상당액은 그 자산이 사실상 유상양도되는 결과와 같으므로 양도로 본다.

또한 이혼위자료 지급을 부동산으로 대신한 경우에도 대물변제의 성격으로 보아 양도로 본다.

실지거래가액이란, 자산의 양도 또는 취득 당시에 양도자와 양수자가 실제로 거래한 가액으로서, 해당 자산의 양도 또는 취득과 대가관계에 있는 금전과 그 밖의 재산가액을 말한다.

2 양도로 보지 않는 경우

다음의 경우는 자산이 유상으로 이전되었다 하더라도, 양도로 보지 아니한다.

- 신탁해지를 원인으로 소유권이 원상회복되는 경우
- 공동소유 토지를 소유자별로 단순 분할 등기하는 경우
- 도시개발법에 의한 환지처분으로 지목 또는 지번이 변경되는 경우
- 채무자가 채무변제를 담보하기 위해 자산을 양도하는 계약의 양도담보
- 매매원인무효소송에 의해 매매사실이 환원되는 경우
- 이혼시 재산분할청구권에 의한 소유권이 이전되는 경우

3 양도소득세의 성격

양도소득은 자산보유의 가치상승에 따라 얻게 되는 실현된 보유이익으로 자본이득에 속한다.

그리고 부동산 등을 계속적 · 주기적 · 반복적으로 매매하는 사업성을 지닌 부동산매매업(사업소득)과는 달리, 양도소득은 일시적 · 우발적으로 부동산 등의 자산이 매매됨으로 얻게 되는 소득이므로, 사업소득과 그 성격을 달리한다.

따라서 양도소득세란 개인이 토지, 건물 등 부동산이나 주식의 양도 또는 분양권과 같은 부동산에 관한 권리를 양도함으로 인하여 발

생하는 소득을 과세대상으로 하여 부과하는 세금을 말한다.

그리고 과세대상 부동산 등의 취득일부터 양도일까지 보유기간 동안 발생된 소득에 대하여 매매하는 시점에 과세하며, 부동산 양도로 인하여 소득이 발생하지 않았거나 오히려 손해를 본 경우에는 양도소득세가 과세되지 아니한다.

2. 양도소득 과세대상자산 & 양도 차·손익의 통산

1 양도소득세 과세대상자산

양도소득세가 과세되는 자산은 다음과 같다.

- 토지란 「공간정보의 구축 및 관리 등에 관한 법률」에 따라 지적공부(地籍公簿)에 등록하여야 할 지목에 해당하는 것을 말한다.
- 건물은 건물에 부속된 시설물과 구축물을 포함하며, 등기에 불문하고 미등기의 건물도 과세대상이 된다. 또한 허가를 받지 아니하고 무허가 상태로 사용하다가 양도하는 경우에도 해당된다.
- 부동산을 취득할 수 있는 권리로서 건물이 완성되는 때에 그 건물과 이에 부속되는 토지를 취득할 수 있는 권리를 포함한다(아파트 분양권).
- 주식 등이란 주식 또는 출자지분을 말하며, 신주인수권과 대통령령으로 정하는 증권예탁증권을 포함한다.

건물 중에서 주택의 경우 허가 여부나 공부(公簿)상의 용도구분에 관계없이 사실상 주거용으로 사용하는 건물을 말한다. 이 경우 그 용도가 분명하지 아니하면 공부상의 용도에 따른다.

즉, 등기부상 등기나 건축물관리대장의 등재여부에 관계없이 실질적인 주택으로 사용하고 있는 경우는 무허가주택도 주택 수에 포함된다.

등기가 가능한 주택임에도 불구하고 미등기 상태로 양도하는 경우에는 장기보유특별공제가 배제되는 것은 물론이고, 250만 원의 양도소득기본공제도 적용하지 아니하며 70%의 세율로 과세한다.

또한 조세특례제한법상의 각종 양도세 감면을 받는 것이 불가능하며, 1세대 1주택 비과세 혜택은 적용받을 수 없다.

그러나 무허가주택이 해당 법령에 따라 등기 자체가 불가능한 경우에는 일반세율을 적용하며, 미등기양도에 따른 불이익을 받지 아니한다.

따라서 등기등록여부에 관계없이 실질적으로 어떻게 사용되었느냐가 중요하며, 등기가 가능한 자산임에도 미등기상태에서 거래가 이루어지는 경우에는 양도소득세의 상당한 제제가 예상됨을 반드시 확인하여야 한다.

종 류	양도소득대상자산
부동산	토지, 건물(무허가, 미등기 건물도 과세대상 포함)
부동산에 관한 권리	부동산을 취득할 수 있는 권리, 지상권, 전세권, 등기된 부동산임차권
기타자산	사업용 고정자산과 함께 양도하는 영업권, 특정시설물 이용권 · 회원권, 특정주식, 부동산과다보유법인 주식 등
주식 등	상장법인의 주식 등으로서 당해 법인의 대주주 양도분과 장외시장 양도주식, 비상장주식
파생상품	「자본시장과 금융투자업에 관한 법률」 제5조 제2항 제1호 및 제3호에 따른 장내파생상품 중 코스피200 선물 · 옵션, 미니코스피200 선물 · 옵션

2 양도차익과 양도손실의 통산

같은 해에 부동산 등을 2회 이상 양도하고, 한쪽은 양도차익이 발생하고 다른 한쪽은 양도차손이 생겼다면, 양도한 자산별로 양도차손익을 합산하여 신고해야 한다.

위의 대상자산 중 ① 토지, 건물, 부동산에 대한 권리, 기타자산의 양도소득, ② 주권상장 · 코스닥상장 · 코넥스상장 · 비상장주식 양도소득, ③ 파생상품 등의 거래로 발생한 양도소득의 3가지 소득으로 구분된다.

이렇게 구분된 그룹별로 각각 양도차익을 계산하여 신고해야 한다. 해당 그룹 간에는 양도차손익의 통산이 가능하나, 서로 다른 그룹 간에는 양도차손을 서로 통산할 수 없다.

그리고 양도하는 자산 중 국내의 자산에 대해서만 양도차손을 인정하며, 1세대 1주택 비과세소득의 양도차손은 통산하지 아니한다.

그룹 내의 양도차손익을 통산하는 경우에도 양도차손이 발생한 자산과 동일 세율이 적용된 양도자산의 차익과 먼저 통산하고, 통산 후에도 남은 차손이 있다면 다른 세율을 적용받은 양도자산의 소득금액에서 공제할 수 있다.

이때 다른 세율을 적용받는 자산이 2 이상인 경우에는 자산별로 안분계산하여 남아있는 차손을 안분한 비율로 공제한다.

이렇게 양도차손을 공제한 후에도, 여전히 양도차손이 남아있다 하더라도 그 차손은 다음 연도로 이월되지 아니한다.

세법개정으로 국내주식과 해외주식의 양도차익과 양도차손의 통산한다.

종전에는 국내주식은 국내주식끼리, 해외주식은 해외주식끼리 구분하여 양도차손익의 통산이 가능하였으나, 세법개정을 통하여 2020년 1월 1일 이후 국내주식과 해외주식을 합산하여 양도차손익을 계산하도록 하였다.

따라서 양도소득 기본공제를 적용할때에도 국내주식에서 250만 원, 해외주식에서 250만 원 각각 기본공제를 적용하였으나 개정을 통하여 국내주식과 해외주식을 합산하여 기본공제금액 250만 원을 기본공제한다.

국내주식을 양도하는 경우 상장주식은 대주주 양도분만, 비상장주식은 소액주주도 과세된다. 해외주식은 상장여부에 관계없이 과세된다.

3. 장기보유특별공제

1 장기보유특별공제란?

부동산 중 3년 이상 보유한 토지나 건물을 양도할 때 양도차익의 일정 비율을 공제하는 제도이다.

장기보유특별공제제도는 자산의 보유기간이 3년 이상인 자산에 대하여 그 양도소득금액을 계산할 때에 일정액을 공제하여 줌으로써 장기간 보유한 자산양도에 대한 건전한 부동산의 투자행태 내지 소유행태를 유도하는 양도차익의 공제방법이다.

장기보유특별공제는 양도소득세를 산출할 때 세금에 미치는 영향이 크다. 따라서 미등기자산, 조정대상지역의 1세대 2주택자, 3주택자의 양도소득금액을 계산할 때 장기보유특별공제를 적용하지 않을 경우에는 상당한 세부담을 안게 된다.

그리고 미등기 자산은 70%의 세율이 적용되며 1세대 2주택자, 1세대 3주택자가 조정대상지역에 있는 주택을 양도하는 경우에는 장기보유특별공제 배제는 물론이고 양도소득 기본세율에 10%(2주택자), 20%(3주택자)를 가산한다.

2 장기보유특별공제 대상 자산

공제대상 자산에는 보유기간이 3년 이상인 것으로서 등기된 토지, 건물, 조합원 입주권(조합원으로부터 취득한 승계조합원은 제외)이 있으며, 미등기된 자산은 제외된다.

따라서 보유기간, 즉 취득시점부터 양도시점까지의 기간 산정이 매우 중요하며 해당 자산의 취득시기와 양도시기의 판정시 주의하여야 한다.

1) 장기보유특별공제 적용대상

3년 이상 보유하고 양도하는 토지 및 건물에 대하여 적용하며, 조합원 입주권(조합원으로부터 취득한 것은 제외하며, 조합원 입주권을 양도하는 경우에는 「도시 및 주거환경정비법」 제48조에 따른 관리처분계획 인가 전 토지분 또는 건물분의 양도차익으로 한정)도 공제대상이 된다.

그리고 비과세 여부와 상관없이 양도 당시 1주택이면 공제를 적용한다. 따라서 비과세요건을 갖춘 고가주택으로 9억 원 초과 과세되는 주택과 일시적 2주택 등과 거주요건 미충족으로 비과세 되지 않는 1주택자도 공제대상이 된다.

다만, 세법개정으로 2020년 양도분부터 조정대상지역 1세대 1주택자의 장기보유특별공제율을 적용받기 위해서는 2년 거주요건을 충족하여야 한다.

따라서 2년 미만 거주시 일반 장기보유특별공제(15년, 최대 30%)를 적용하고, 2년 거주요건을 충족하는 경우에는 장기보유특별공제(10

년, 최대 80%)를 적용한다.

2) 장기보유특별공제 제외대상

- 8·2 대책의 조정대상지역 내 2주택자, 3주택자 등 다주택자
- 토지 및 건물이 아닌 자산
- 보유기간 3년 미만의 부동산
- 미등기 양도자산

3) 보유기간의 계산방법

- 보유기간은 양도자산의 취득일로부터 양도일까지로 계산한다.
- 상속받은 자산을 양도하는 경우에는 상속개시일부터 기산한다. 그러나 세율적용을 위한 보유기간 계산시는 피상속인의 취득일부터 기산한다.
- 배우자 등 이월과세에는 증여자가 당해 자산을 취득한 날로부터 기산한다.

4) 장기보유특별공제율

장기보유특별공제액
(실지양도가액 – 실지취득가액 – 기타 필요경비) × 보유기간에 따른 공제율

일반장기보유 특별공제		1세대1주택장기보유 특별공제		조세특례제한법 제97조의3(장기일반민간임대주택) 장기보유특별공제		조세특례제한법 제97조의4(장기임대주택등)장기보유특별공제추가 공제율 과세특례	
보유기간	공제율(2%)	거주기간(4%)	보유기간(4%)	보유기간	공제율(%)	보유기간	추가공제율(%)
3년이상4년미만	6%	3년이상4년미만:12%	3년이상4년미만:12%	3년이상4년미만		3년이상4년미만	
4년이상5년미만	8%	4년이상5년미만:16%	4년이상5년미만:16%	4년이상5년미만		4년이상5년미만	
5년이상6년미만	10%	5년이상6년미만:20%	5년이상6년미만:20%	5년이상6년미만		5년이상6년미만	
6년이상7년미만	12%	6년이상7년미만:24%	6년이상7년미만:24%	6년이상7년미만		6년이상7년미만	2%가산
7년이상8년미만	14%	7년이상8년미만:28%	7년이상8년미만:28%	7년이상8년미만		7년이상8년미만	4%가산
8년이상9년미만	16%	8년이상9년미만:32%	8년이상9년미만:32%	8년이상9년미만	50%	8년이상9년미만	6%가산
9년이상10년미만	18%	9년이상10년미만:36%	9년이상10년미만:36%	9년이상10년미만	50%	9년이상10년미만	8%가산
10년이상11년미만	20%	10년이상:40%	10년이상:40%	10년이상11년미만	70%	10년이상11년미만	10%가산
11년이상12년미만	22%			11년이상12년미만		11년이상12년미만	
12년이상13년미만	24%			12년이상13년미만		12년이상13년미만	
13년이상14년미만	26%			13년이상14년미만		13년이상14년미만	
14년이상15년미만	28%			14년이상15년미만		14년이상15년미만	
15년이상	30%			15년이상		15년이상	

4. 취득시기와 양도시기 그리고 보유시기의 중요성!

양도소득세 계산구조를 보면, 양도 자산의 취득시점과 양도시점은 자산의 보유기간을 결정한다.

이러한 보유기간은 양도소득세 계산시 세액결정에 영향을 줌으로써 중요한 역할을 하고 있다.

1 보유기간의 중요성

- 조정대상지역 내의 1세대 1주택자는 2년 이상 보유하고 2년 거주기간을 충족해야 한다.
- 양도하는 토지, 건물을 3년 이상 보유했는지가 장기보유특별공제 여부를 결정하게 된다.
- 매각하는 양도자산의 보유기간에 따라 적용되는 양도소득세율이 급격하게 달라진다.
- 1년 미만인 경우 주택은 40%(일반 부동산은 50%), 1년 이상 2년 미만인 경우 일반 부동산은 40% 등 보유기간에 따라 양도세율의 폭이 상당하다.
- 자산을 양도하고 난 후 양도시점을 잘못 판단하면, 양도세 신고기간을 경과하게 되어 가산세가 부과된다.

만약 국세청에서 판단하는 양도시점과 납세자가 생각하는 양도시점이 상이하여 양도세 전반에 대한 흐름이 잘못 이루어진 경우에는 엄청난 가산세가 발생하고, 양도소득세로 인해 잠 못 이루는 밤을 맞이할 수 있다.

원칙적으로 대금 청산한 날을 자산의 양도 · 취득시기로 본다. 그러나 자산을 이전하는 다양한 형태에 따라 자산의 양도시점과 취득시점이 달라진다.

참고

소득세법 시행령 제162조【양도 또는 취득의 시기】

1. 대금을 청산한 날이 분명하지 아니한 경우에는 등기부 · 등록부 또는 명부 등에 기재된 등기 · 등록접수일 또는 명의개서일
2. 대금을 청산하기 전에 소유권이전등기(등록 및 명의의 개서를 포함한다)를 한 경우에는 등기부 · 등록부 또는 명부 등에 기재된 등기접수일
3. 장기할부조건의 경우에는 소유권이전등기(등록 및 명의개서를 포함한다) 접수일 · 인도일 또는 사용수익일 중 빠른 날
4. 자기가 건설한 건축물은 사용승인서 교부일. 다만, 사용승인서 교부일 전에 사실상 사용하거나 임시사용승인을 받은 경우에는 그 사실상의 사용일 또는 임시사용승인을 받은 날 중 빠른 날로 하고 건축허가를 받지 아니하고 건축하는 건축물에 있어서는 그 사실상의 사용일
5. 상속 또는 증여로 취득한 자산에 대하여는 그 상속이 개시된 날 또는 증여를 받은 날
6. 「민법」상 부동산의 소유권을 취득하는 경우에는 당해 부동산의 점유를 개시한 날
7. 공익사업을 위하여 수용되는 경우에는 대금을 청산한 날, 수용의 개시일 또는 소유권이전등기접수일 중 빠른 날. 다만, 소유권에 관한 소송으로 보상금이 공탁된 경우에는 소유권 관련 소송 판결 확정일
8. 완성 또는 확정되지 아니한 자산을 양도 또는 취득한 경우로서 해당 자산의 대금을 청산한 날까지 그 목적물이 완성 또는 확정되지 아니한 경우에는 그 목적물이 완성 또는 확정된 날. 건설 중인 건물은 사용승인서 교부일
9. 「도시개발법」 또는 그 밖의 법률에 따른 환지처분으로 인하여 취득한 토지의 취득시기는 환지 전의 토지의 취득일. 다만, 교부받은 토지의 면적이 환지처분에 의한 권리면적보다 증가 또는 감소된 경우에는 그 증가 또는 감소된 면적의 토지에 대한 취득시기 또는 양도시기는 환지처분의 공고가 있은 날의 다음 날
10. 주주 1인과 기타주주가 주식등을 양도함으로써 해당 법인의 주식등의 합계액의 100분의 50 이상이 양도되는 날. 이 경우 양도가액은 그들이 사실상 주식등을 양도한 날의 양도가액
11. 양도한 자산의 취득시기가 분명하지 아니한 경우에는 먼저 취득한 자산을 먼저 양도한 것으로 본다.

참고

보유시기

보유시기는 일반적인 경우 취득일부터 양도일까지로 한다. 이때 취득일 및 양도일의 판정은 다음과 같다.

1) 취득 · 양도시점은 원칙적으로 당해 주택의 대금을 청산한 날이다.
   다만, 대금을 청산하기 전에 소유권 이전등기를 한 경우에는 등기접수일을 취득 · 양도시점으로 보고, 대금을 청산한 날이 분명하지 아니한 경우에는 등기접수일로 본다.
2) 본 등기를 하기 전 가등기한 기간이 있는 경우 가등기한 기간은 보유기간으로 보지 않는다.
3) 주택을 배우자에게 증여한 후 배우자가 양도하는 경우 증여자의 보유기간과 수증자의 보유기간을 합하여 계산한다.
4) 이혼위자료로 주택을 받은 배우자가 그 주택을 양도하는 경우 배우자의 보유기간만 가지고 판단한다.
5) 재산분할청구권으로 취득한 주택의 보유기간은 소유권을 이전해 준 다른 이혼자의 당초 부동산 취득일부터 양도일까지의 기간을 합하여 계산한다.
6) 증여받은 1주택을 이혼 후 양도하는 경우 증여를 받은 날(증여등기 접수일)부터 보유기간을 계산한다.
7) 주택을 상속받은 경우 피상속인의 사망일부터 계산한다.
   다만, 동일 세대원이던 피상속인으로부터 상속받은 주택은 피상속인의 취득일부터 계산한다.
8) 거주 또는 보유 중에 소실 · 도괴 · 노후 등으로 인해 멸실되어 재건축한 경우 멸실된 주택과 재건축한 주택의 보유기간을 통산한다(20세대 미만의 임의재건축 공사기간은 불포함).
   - 주택면적이 증가한 경우에는 보유기간 계산과는 무관하다.
   - 부수토지 면적이 증가한 경우에는 종전 주택의 부수토지 면적을 초과하는 부분은 신축일로부터 2년이 경과해야 비과세 받을 수 있다 .
9) 보유하던 주택이 「도시 및 주거환경정비법」에 의한 재개발 · 재건축으로 완공된 경우 종전주택의 보유기간, 공사기간, 재개발 · 재건축 후의 보유기간을 통산한다(재개발 · 재건축 공사기간을 포함).

참고

배우자 이월과세 적용대상 자산범위 확대

거주자가 토지, 건물, 특정시설물 이용권을 배우자 또는 직계존비속에게 증여하고 증여한 날부터 5년 이내에 그 자산을 타인에게 양도하는 경우, 증여재산가액을 취득가액으로 보지 않고 증여한 자의 당초 취득가액을 양도한 자산의 취득가액으로 본다. 이러한 과세제도를 "배우자 이월과세"라 한다.

그동안 이 규정은 과세대상 자산에 분양권과 조합원이 포함되지 않아, 6억 원까지 공제되는 배우자증여공제를 이용하여 분양권을 증여한 후 양도하는 형식을 통해 증여세는 물론이고 양도세까지 내지 않는 방법으로 적극 활용되었다.

이번 개정을 통해 분양권과 조합원 입주권을 배우자 등에게 증여하고 증여한 날부터 5년 이내에 수증자가 증여받은 분양권을 양도하면 취득가액을 증여한 자의 당초 취득가액으로 보게 된다. 이를 통해 증여를 통한 절세효과는 사라지게 된다.

5. 미등기 양도자산의 위험성

"미등기양도자산"이란 토지, 건물, 부동산에 관한 권리를 취득함에 있어 등기를 하지 아니하고 양도하는 것을 말한다.

등기를 할 수 있는 자산임에도 불구하고 등기를 하지 아니한 상태에서 보유하다가 양도하는 경우, 미등기양도자산에 대해 상상초월의 제재를 적용받게 된다.

1 미등기 양도를 하는 경우의 불이익

- 3년 이상 보유하는 부동산(토지, 건물)의 양도차익을 공제해주는 장기보유특별공제를 적용하지 아니한다.
- 연 250만 원의 양도소득 기본공제가 배제된다.
- 양도소득세율을 적용함에 있어 미등기 양도자산은 70%의 최고세율을 적용한다.
- 미등기상태에서 양도되는 1세대 1주택은 비과세혜택을 받지 못한다.
- 조세특례제한법상 각종의 세액공제 및 감면이 배제된다.
- 양도소득세 신고를 한 후, 세무서에서는 양도소득세 신고기한의 다음 날부터 통상적으로 5년 동안 양도소득세를 부과할 수 있으

나, 미등기 양도 등의 경우에는 양도소득세를 부과할 수 있는 기간이 10년으로 길어진다.

그러나 다음의 경우에는 미등기 양도로 보지 아니하므로, 미등기양도자산에 대한 제재를 받지 아니한다.

참고●

소득세법 시행령 제168조【미등기 양도 제외 자산의 범위 등】

① 법 제104조 제3항 단서에서 "대통령령으로 정하는 자산"이란 다음 각 호의 것을 말한다.

1. 장기할부조건으로 취득한 자산으로서 그 계약조건에 의하여 양도 당시 그 자산의 취득에 관한 등기가 불가능한 자산
2. 법률의 규정 또는 법원의 결정에 의하여 양도 당시 그 자산의 취득에 관한 등기가 불가능한 자산
3. 법 제89조 제1항 제2호, 「조세특례제한법」 제69조 제1항 및 제70조 제1항에 규정하는 토지
4. 법 제89조 제1항 제3호 각 목의 어느 하나에 해당하는 주택으로서 「건축법」에 따른 건축허가를 받지 아니하여 등기가 불가능한 자산
5. 삭제 〈2018. 2. 13.〉
6. 「도시개발법」에 따른 도시개발사업이 종료되지 아니하여 토지 취득등기를 하지 아니하고 양도하는 토지
7. 건설업자가 「도시개발법」에 따라 공사용역 대가로 취득한 체비지를 토지구획환지처분공고 전에 양도하는 토지

② 법 제104조 제1항 제1호를 적용할 때 법 제94조 제1항 제4호 다목에 따른 주식등의 양도소득산출세액에 대주주로서 납부하였거나 납부할 세액이 포함되어 있는 경우에는 이를 차감하여 계산한 금액을 양도소득산출세액으로 한다. 〈신설 2000. 12. 29., 2017. 2. 3.〉

6. 양도소득세 세액계산

양도가액 … 부동산 등의 양도 당시 실질거래가액

−

취득가액 … 부동산 등의 취득 당시 실질거래가액
실질거래가격을 확인할 수 없는 경우 매매사례가액, 감정가액, 환산취득가액 적용 가능함.

−

필요경비 … 실가: 설비비 · 개량비, 자본적 지출액, 양도비 등
필요경비 개산공제: 매매사례가액, 감정가액, 환산취득가액은 기준시가의 3% 적용

=

양도차익 … 양도가액 – 취득가액 – 필요경비

−

장기보유특별공제 …

*연8%의 공제율을 보유기간 4%+ 거주기간 4%로 구분하여 계산
*다주택자의 경우에는 15년 이상 보유시 최대 30% 장기보유특별공제가 가능

보유기간		3년~4년	4년~5년	5년~6년	6년~7년	7년~8년	8년~9년	9년~10년	10년 이상
1주택	합계	24%	32%	40%	48%	56%	64%	72%	80%
	보유	12%	16%	20%	24%	28%	32%	36%	40%
	거주	12%	16%	20%	24%	28%	32%	36%	40%
다주택		6%	8%	10%	12%	14%	16%	18%	20~30%

=

양도소득금액	… 양도차익 − 장기보유특별공제
−	
양도소득기본공제	… 250만 원(미등기 양도자산은 적용 배제)
=	
양도소득과세표준	… 양도소득금액 − 양도소득기본공제
×	
세 율	… 양도소득세율 참조
=	
산출세액	… 양도소득과세표준×세율
−	
세액공제+감면세액	… 외국납부세액공제와 조세특례제한법상 감면세액
↓	
자진납부할 세액	… 산출세액 − (세액공제+감면세액)

7. 양도소득세 계산구조

너무나도 전문적이고 복잡하기만 한 양도소득세…

기본적인 흐름을 안다면 최소한 경비로 처리할 수 있는 서류를 분실하거나 수취하지 못하여 비용처리를 하지 못하는 일은 없을 것이다. 또한 보유기간이 미달하여 장기보유특별공제를 비롯한 각종의 세액공제 · 감면에서 배제되는 상황을 만들어서는 안 된다.

이처럼 경비처리를 제대로 하지 않거나 장기보유특별공제 또는 공제 · 감면 등을 받지 못하면 그만큼 양도소득세를 납부하게 된다.

따라서 양도소득세의 계산구조를 알고 그 흐름을 파악하여 내지 않아도 되는 세금을 부담하는 일은 없어야 한다.

2007년부터 양도소득세 실거래가 과세제도가 시행됨에 따라 부동산을 매매하면서 얻게 된 실지거래가액으로 양도소득세를 계산한다. 따라서 세무서에 실제 증빙에 의한 실거래가로 신고납부해야 한다.

세부담을 줄이기 위하여 허위의 계약서나 증빙을 비용처리하거나 오래전 구매한 부동산의 취득가액을 알고 있음에도 환산가액으로 조세 면탈 등을 하는 경우에는 양도소득세 비과세 및 감면 배제는 물론이고, 부당신고분에 대해 40%의 가산세와 함께 조세범처벌법에 따라 처벌을 받을 수 있다.

1 실지 거래가액에 의한 세액계산

1) 실지 양도가액

양도자와 양수자 간에 실제로 거래한 가액을 말한다.

2) 실지 취득가액

양도자산의 취득에 소요된 실지거래가액을 말한다.

(1) 취득에 소요된 실지 거래가액이란

소득세법 시행령 제89조 제1항의 규정을 준용하여 계산한 취득원가에 상당하는 가액을 말한다.

- 취득원가 상당액이란?
  - 타인에게서 매입한 자산은 매입가액에 취득세 · 등록세 기타부대비용을 가산한 금액이다.
  - 자가제조하거나 생산 또는 건설 등에 의하여 취득한 자산: 원재료비 · 노무비 · 운임 · 하역비 · 보험료 · 수수료 · 공과금(취득세, 등록세 포함) · 설치비 기타 부대비용의 합계액이다.

(2) 취득가액 계산시 포함되는 것

- 자산을 장기할부조건으로 매입하는 경우에 발생한 채무를 기업회계기준에 따라 현재가치로 평가하여 현재가치할인차금으로 계상한 경우 당해 현재가치할인차금을 포함한다.

단, 양도자산의 보유기간 중에 동 현재가치할인차금의 상각액을 각 연도의 부동산임대소득금액 또는 사업소득금액 계산시 필요경비로 산입하였거나 산입할 금액이 있는 때에는 당해 금액을 공제한다.

- 당사자 약정에 의한 대금지급방법에 따라 취득원가에 이자상당액을 가산하여 거래가액을 확정하는 경우, 당해 이자상당액은 취득가액에 포함한다.

(3) 기타 필요경비

양도자산의 취득가액 이외에도 자본적 지출액, 양도비 등 실제 증빙에 의하여 계산한 가액의 합계액을 공제한다.

또한 자본적 지출액에 대해 비용처리하고자 하는 경우에는 현금영수증, 세금계산서, 계산서를 제출하여야 한다.

- 자본적 지출이란?

  소득세법 시행령 제67조 제2항 규정의 자본적 지출이란, 사업자가 소유하는 감가상각자산의 내용연수를 연장시키거나 당해 자산의 가치를 현실적으로 증가시키기 위하여 지출한 수선비이다.

  다음에 해당하는 지출을 포함한다.

  - 본래의 용도를 변경하기 위한 개조
  - 엘리베이터 또는 냉난방장치의 설치
  - 빌딩 등의 피난시설 등의 설치
  - 재해 등으로 인하여 건물, 기계, 설비 등이 멸실 또는 훼손되어 당해 자산의 본래 용도로의 이용가치가 없는 것의 복구

– 기타 개량, 확장, 증설 등

- 건물노후화로 인해 건물을 재건축할 때 투입되는 철거비용
  세법개정으로 재해나 건물 노후화등으로 부득이한 사유가 발행하여 건물을 재건축하는 경우 발생하는 철거비용을 양도소득의 필요경비에 산입한다.
- 양도자산을 취득한 후 쟁송이 있는 경우
  그 소유권을 확보하기 위하여 직접 소요된 소송비용, 화해비용 등의 금액으로서 그 지출한 연도의 각 소득금액의 계산에 있어서 필요경비에 산입된 것을 제외한 금액을 말한다.
- 양도자산의 용도변경, 개량 또는 이용편의를 위하여 지출한 비용
- 양도비용, 예컨대 증권거래세, 양도소득세 신고서 작성비용, 소개비 등을 공제하나 부동산 등을 취득하기 위한 대출금의 이자는 공제하지 아니한다.

(4) 취득가액 및 필요경비로 제출하는 서류

- 취득 및 양도시의 매매계약서
- 대금수수 영수증 또는 무통장으로 거래한 경우 무통장입금 영수증
- 부동산 거래대금의 흐름이 나타나는 금융기관 거래통장
- 거래상대방의 거래사실확인서
- 건물을 신축한 경우 도급계약서, 대금지급영수증, 세금계산서 등
- 기타 대금지급 사실을 입증할 수 있는 서류 등

2 장기보유특별공제액의 계산

장기보유특별공제액
(실지양도가액－실지취득가액－기타 필요경비)×보유기간에 따른 공제율

1) 장기보유특별공제율

일반장기보유 특별공제		1세대1주택장기보유 특별공제		조세특례제한법 제97조의3(장기일반민간임대주택) 장기보유특별공제		조세특례제한법 제97조의4(장기임대주택등)장기보유특별공제추가 공제율 과세특례	
보유기간	공제율(2%)	거주기간(4%)	보유기간(4%)	보유기간	공제율(%)	보유기간	추가공제율(%)
3년이상4년미만	6%	3년이상4년미만 :12%	3년이상4년미만 :12%	3년이상4년미만		3년이상4년미만	
4년이상5년미만	8%	4년이상5년미만 :16%	4년이상5년미만 :16%	4년이상5년미만		4년이상5년미만	
5년이상6년미만	10%	5년이상6년미만 :20%	5년이상6년미만 :20%	5년이상6년미만		5년이상6년미만	
6년이상7년미만	12%	6년이상7년미만 :24%	6년이상7년미만 :24%	6년이상7년미만		6년이상7년미만	2%가산
7년이상8년미만	14%	7년이상8년미만 :28%	7년이상8년미만 :28%	7년이상8년미만		7년이상8년미만	4%가산
8년이상9년미만	16%	8년이상9년미만 :32%	8년이상9년미만 :32%	8년이상9년미만	50%	8년이상9년미만	6%가산
9년이상10년미만	18%	9년이상10년미만 :36%	9년이상10년미만 :36%	9년이상10년미만	50%	9년이상10년 미만	8%가산

일반장기보유 특별공제		1세대1주택장기보유 특별공제		조세특례제한법 제97조의3(장기일반민간임대주택) 장기보유특별공제		조세특례제한법 제97조의4(장기임대주택등)장기보유특별공제추가공제율 과세특례	
10년이상11년미만	20%	10년이상:40%	10년이상:40%	10년이상11년미만	70%	10년이상11년미만	10%가산
11년이상12년미만	22%			11년이상12년미만		11년이상12년미만	
12년이상13년미만	24%			12년이상13년미만		12년이상13년미만	
13년이상14년미만	26%			13년이상14년미만		13년이상14년미만	
14년이상15년미만	28%			14년이상15년미만		14년이상15년미만	
15년이상	30%			15년이상		15년이상	

2) 장기보유특별공제 적용대상

3년 이상 보유하고 양도하는 토지 및 건물에 대하여 적용하며 미등기자산, 조정대상지역 내의 2주택 이상의 다주택자 등은 제외한다.

그리고 비과세 여부와 상관없이 양도 당시 1주택이면 공제를 적용한다. 따라서 비과세요건을 갖춘 고가주택으로 9억 원 초과 과세되는 주택과 일시적 2주택 등과 거주요건 미충족으로 비과세 되지 않는 1주택자도 공제대상이 된다.

다만, 세법개정으로 2020년 양도분부터 조정대상지역 1세대 1주택자의 장기보유특별공제율을 적용받기 위해서는 2년 거주요건을 충족하여야 한다.

적용하고 2년 거주요건을 충족하는 경우에는 장기보유특별공제(10년, 최대 80%)를 적용한다.

3) 장기보유특별공제 제외대상

- 8·2 대책의 조정대상지역 내 2주택자, 3주택자 등 다주택자
- 토지 및 건물이 아닌 자산
- 보유기간 3년 미만의 부동산
- 미등기 양도자산

4) 보유기간의 계산방법

- 보유기간은 양도자산의 취득일로부터 양도일까지로 계산한다.
- 상속받은 자산을 양도하는 경우에는 상속개시일부터 기산한다. 그러나 세율적용을 위한 보유기간 계산시는 피상속인의 취득일부터 기산한다.
- 배우자 등 이월과세에는 증여자가 당해 자산을 취득한 날부터 기산한다.

3 양도소득 기본공제

양도자 1인당 연간 2,500,000원을 공제한다.

4 부동산 양도소득세 산출세액

- 양도차익=실지양도가액－실지취득가액－기타필요경비

- 양도소득금액=양도차익－장기보유특별공제액
- 양도소득 과세표준=양도소득금액－양도소득 기본공제
- 양도소득세 산출세액=양도소득 과세표준 × 양도소득세율

8. 양도소득세율 알아두기

양도소득세율은 기본적으로 누진과세되는 종합소득세율을 바탕으로 하고 있다. 그러나 미등기 양도자산의 제재와 단기보유 자산 그리고 부동산투기억제를 위한 중과 등의 목적으로 종합소득의 누진세율에 할증률이 가산되거나 70%, 50% 등의 중과율이 적용된다.

양도소득세는 산출세액을 비교하여 많은 세액을 납부하도록 하는 비교과세를 적용하고 있다.

- 동일한 과세기간 중에 둘 이상의 자산을 양도하는 경우 둘 중 큰 금액을 산출세액으로 본다. MAX(①, ②)
  ① 과세표준 합계액에 일반세율 적용한 산출세액
  ② 자산별로 세율을 적용한 산출세액의 합계액
- 하나의 자산에 둘 이상의 세율이 적용되는 경우, 각각의 세율을 적용한 산출세액 중 큰 세액을 납부한다.
- 비사업용토지와 비사업용토지 과다보유법인* 주식 등의 양도소득금액을 합산하여 세율을 적용한다.

  * 자산총액 중 비사업용토지의 가액이 차지하는 비율이 50% 이상인 법인
- 1필지의 토지가 비사업용토지와 사업용토지로 구분될 경우, 각각 다른 자산으로 보아 세율을 적용한다.
- 조정대상지역에서 1년 미만 보유한 주택을 양도하는 경우에는

MAX[1년 미만 단기보유시 적용되는 40% 세율과 양도세 일반세율+10% 가산한 중과세율] 중 높은 세액을 적용한다.

- 조정대상지역에서 1년 미만 보유한 주택을 양도하는 경우에는 MAX[1년 미만 단기보유시 적용되는 40% 세율과 양도세 일반세율+20% 가산한 중과세율] 중 높은 세액을 적용한다.
- 조정대상지역 내에서 분양권을 양도하는 경우 무주택 1세대(30세 이상 또는 배우자가 있을 것)가 다른 분양권이 없는 경우에는 중과세율(50%) 적용을 배제한다.
- 세법개정을 통해 2021.1.1. 이후 주택과 조합원입주권을 단기양도하는 경우 1년이내 50%, 2년이내 40%의 중과세율을 적용하는 바, 이는 주택과 조합원입주권을 토지 등의 단기양도 세율과 일치하도록 한 것이다.

<table>
<tr><th colspan="2" rowspan="2">구분</th><th rowspan="2">주택외부동산</th><th colspan="2">주택 및 조합원입주권</th></tr>
<tr><th>현행</th><th>개정(2021.1.1.이후)</th></tr>
<tr><td rowspan="3">보유기간</td><td>1년미만</td><td>50%</td><td>40%</td><td>50%</td></tr>
<tr><td>2년미만</td><td>40%</td><td>기본세율</td><td>40%</td></tr>
<tr><td>2년이상</td><td>기본세율</td><td>기본세율</td><td>기본세율</td></tr>
</table>

[양도소득세율]

<table>
<tr><th>구 분</th><th colspan="2"></th><th>2019. 1. 1.</th></tr>
<tr><td rowspan="16">부동산 및 부동산에 관한 관리</td><td colspan="2">미등기</td><td>70%</td></tr>
<tr><td rowspan="2">1년 미만</td><td>일반</td><td>50%</td></tr>
<tr><td>주택</td><td>40%</td></tr>
<tr><td rowspan="2">1년 이상 2년 미만</td><td>일반</td><td>40%</td></tr>
<tr><td>주택</td><td>누진세율</td></tr>
<tr><td>2년 이상</td><td></td><td>누진세율</td></tr>
<tr><td rowspan="2">1세대 2주택</td><td>조정대상지역</td><td>누진세율+10%</td></tr>
<tr><td>그 외의 지역</td><td>누진세율</td></tr>
<tr><td rowspan="2">1세대 3주택</td><td>조정대상지역</td><td>누진세율+20%</td></tr>
<tr><td>그 외의 지역</td><td>누진세율</td></tr>
<tr><td rowspan="2">분양권</td><td>조정대상지역</td><td>50%</td></tr>
<tr><td>그 외의 지역</td><td>누진세율</td></tr>
<tr><td rowspan="2">비사업용토지</td><td>투기지역</td><td>누진세율+20%</td></tr>
<tr><td>그 외의 지역</td><td>누진세율+10%</td></tr>
<tr><td rowspan="2">기타자산</td><td>일반</td><td>누진세율</td><td></td></tr>
<tr><td>비사업용토지
부동산과다보유법인주식</td><td>누진세율+10%</td><td></td></tr>
<tr><td rowspan="5">주식</td><td>일반주식</td><td>20%</td><td></td></tr>
<tr><td>중소기업주식</td><td>10%</td><td></td></tr>
<tr><td>대주주 1년 미만
중소기업 외</td><td>30%</td><td></td></tr>
<tr><td>대주주 중소기업</td><td>20%</td><td></td></tr>
<tr><td>대주주 중소기업 외</td><td>20%, 3억 원 초과
25%(2020년부터)</td><td></td></tr>
</table>

[조정대상지역 내의 1세대 2주택자, 3주택자 양도소득세 세율구조]

2019. 1. 1. 이후 양도	1주택자(일반세율)		2주택 중과세 (일반세율+10%)		3주택 중과세 (일반세율+20%)	
과세표준	세율	누진공제	세율	누진공제	세율	누진공제
1,200만 원 이하	6%	–	16%	–	26%	–
1,200만 원 초과 ~ 4,600만 원 이하	15%	1,080,000	25%	1,080,000	35%	1,080,000
4,600만 원 초과 ~ 8,800만 원 이하	24%	5,220,000	34%	5,220,000	44%	5,220,000
8,800만 원 초과 ~ 1억 5천만 원 이하	35%	14,900,000	45%	14,900,000	55%	14,900,000
1억 5천만 원 초과 ~ 3억 원 이하	38%	19,400,000	48%	19,400,000	58%	19,400,000
3억 원 초과 ~ 5억 원 이하	40%	25,400,000	50%	25,400,000	60%	25,400,000
5억 원 초과	42%	35,400,000	52%	35,400,000	62%	35,400,000

9. 양도소득세 가산세 주의!

부동산을 양도하고 양도일이 속하는 달의 말일부터 2개월 이내에 주소지 관할 세무서에 예정신고납부를 해야 한다.

이러한 예정신고를 하지 않으면 납부할 세액의 20%인 무신고가산세와 1일 0.03%의 납부불성실가산세가 부과된다.

부당한 방법으로 양도소득세를 포탈하려는 경우에는 무신고하거나 과소신고된 금액의 40%를 가산세로 부과한다.

이때 부당한 방법이란 다음과 같다.

- 이중장부의 작성 등 장부의 거짓 기장
- 거짓증빙 또는 거짓문서의 작성 및 수취
- 장부와 기록의 파기
- 재산을 은닉하거나 소득, 수익, 행위, 거래의 조작 또는 은폐
- 그 밖에 국세를 포탈하거나 환급 · 공제받기 위한 사기, 그 밖의 부정한 행위

그리고 신고불성실가산세와 기장불성실가산세가 동시에 적용되는 경우에는 그중 큰 금액에 해당하는 가산세만 적용하고, 위 가산세의 금액이 같을 경우에는 신고불성실가산세액만을 적용한다.

[가산세 도표]

종 류	부과 사유	가산세액
신고불성실 가산세	일반과소신고 초과환급신고	과소(초과)신고 납부(환급)세액×10%
	단순무신고	무신고납부세액×20%
	부당무신고 부당과소신고	무(과소)신고 납부세액×40%
납부불성실 가산세	미납 · 미달 납부	미납 · 미달 납부세액×미납기간 ×25/100,000 (미납기간: 납부기한 다음 날~자진납부일 또는 고지일)
기장불성실 가산세	대주주 등의 주식 또는 출자지분 양도	1. 일반적인 경우: 산출세액×무기장 또는 탈루한 소득금액 / 양도소득금액×10% 2. 산출세액이 없는 경우: 무기장 또는 탈루한 거래 금액×7/10,000
환산취득가액 가산세	건물 신축 취득 후 5년 이내 양도	환산취득가액(건물분)×5%

10. 거짓 계약서 작성시 양도소득세 비과세 · 감면배제

아주 오래 전에 취득한 부동산이거나 매매가액 자체가 급등한 지역에서 양도가 이루어지는 경우에는 납부해야 하는 양도소득세가 상당히 큰 경우가 많다. 그러다 보니 매매가액을 실제 이루어진 금액보다 낮게 신고하여 양도소득세를 낮추어보려는 시도가 생겨난다.

양도자가 상대편에 있는 취득자에게 다운계약서를 작성해주면 매도가액을 할인해주겠다고 제안하거나, 부동산 취득과 관련된 각종 지방세를 적게 낼 수 있다고 얘기하면서 다운계약서 작성을 유도할 수 있다.

그러나 결론부터 얘기하면 이러한 시도는 무모하다.

국세청은 투명한 부동산 거래를 위하여 많은 제도정비와 제재를 마련해 놓고 있다.

2006년부터 부동산실거래가 신고제도를 도입하고, 2007년에는 양도소득세 실거래가 제도를 시행하고 있다.

또한 허위계약서 작성이 적발되면 양도소득세 감면 및 비과세배제는 물론이고, 각종의 과태료와 조세범처벌법에 따라 엄격하게 규제하고 있다.

부동산 또는 분양권을 양도하고 거짓계약서(다운계약서, 업계약서)를 작성하면 양도자와 양수자 모두 양도소득세의 비과세 · 감면 규정을 적용받을 수 없다.

1 부동산 분양권 거짓계약서 작성시 불이익

- 다운계약서: 실제 매매가격보다 낮은 가격에 작성한 계약서
- 업계약서: 실제 매매가격보다 높은 가격에 작성한 계약서

1) 양도소득세 비과세 · 감면적용이 배제되고 양도소득세 부과

- 양도자: 1세대 1주택 비과세 · 8년 자경농지에 대한 감면 요건을 충족하더라도 비과세 · 감면배제 후 양도소득세를 추징한다.
- 양수자: 양수한 부동산을 향후 양도 시에도 비과세 · 감면규정 적용배제를 동일하게 적용하여 양도소득세를 추징한다.

또한 양수자가 양도자 대신 부담한 양도소득세는 애초 양도한 부동산의 양도가액에 포함되므로, 이를 신고하지 않을 경우 추후 양도자에게 추가로 양도소득세와 가산세가 부과된다.

그리고 토지 또는 건물 등을 매매하는 거래 당사자가 매매계약서의 거래가액을 실지거래가액과 다르게 적은 경우에는, 해당 자산에 대하여 양도소득세의 비과세 또는 감면에 관한 규정을 적용할 때 비과세 또는 감면을 받았거나 받을 세액에서 다음의 구분에 따른 금액을 뺀 세액만 비과세 또는 감면한다.

(1) 비과세 또는 감면에 관한 규정을 적용받을 경우: Min(①, ②)

① 비과세 감면에 관한 규정을 적용하지 아니하였을 경우의 양도소득 산출세액

② 매매계약서의 거래가액과 실제거래가액과의 차액

(2) 조세회피로 보는 환산취득가액

양도소득세 계산시 환산취득가액을 다음과 같이 적용한 경우에는 조세회피로 보아 추징한다.

취득 당시 실제거래가액이 있음에도 불구하고 환산취득가액을 적용하여 부당하게 신고한 경우에도 양도소득세 비과세·감면배제는 물론이고, 양도소득세와 가산세가 추징된다.

이는 취득 당시 매매계약서를 분실하거나 취득가액과 관련된 서류 등을 찾을 수 없는 경우에는 매매사례가액 → 감정평균가액 → 환산가액 순으로 취득가액을 정한다는 규정을 이용한 세부담회피로 보기 때문이다.

(3) 가산세

- 무(과소)신고가산세: 무(과소)신고한 납부세액의 최고 40%의 가산세
- 납부불성실가산세: 무(과소)신고한 납부세액의 무(미달)납부일수* ×일당 0.03%의 가산세

* 무(미달)납부일수: 납부기한의 다음 날~자진납부일 또는 고지일까지의 기간

(4) 과태료

「부동산거래신고 등에 관한 법률」에 따라 지방자치단체가 부동산 등 취득가액 × 5% 이하의 과태료를 부과 처분한다.

2 공인중개사의 불이익

1) 중개사무소 개설등록이 취소되는 등 영업제한

거짓으로 거래내용 작성 · 이중계약서 작성 · 전매 등이 제한된 부동산 매매 중개시 중개사무소의 개설등록 취소 또는 6개월 이내의 업무정지 처분을 받을 수 있다.

2) 현금영수증 발급의무 위반시 과태료 부과

현금영수증 발급의무를 위반한 자에 대해서 발급하지 아니한 거래대금의 50%에 상당하는 과태료가 부과된다.

11. 양도소득세 신고납부 및 제출서류

양도소득세는 양도자가 양도한 내역을 세무서에 신고납부함으로써 납세의무가 확정되는 세목이다.

따라서 법정신고기한까지 필요한 서류를 갖추어 신고납부해야 하며, 신고납부를 하지 아니하는 경우에는 무신고 등에 따른 가산세가 부과된다.

1 양도소득세 신고시 준비서류

1) 신고서 및 납부서

- 양도소득 과세표준 신고 및 자진납부계산서
- 양도소득금액 계산명세서
- 취득가액 및 필요경비계산 상세명세서
- 양도소득세 및 지방소득세 납부서

2) 신고시 세무서에 제출하는 부속서류

- 당해 자산의 매도 · 매입에 관한 계약서 사본
- 환지확정 전 취득한 토지는 환지예정지증명원, 잠정등급확인원 등
- 중개수수료 지급액, 신고서작성비용, 법무사수수료 지급액 등의 증빙자료, 감가상각비명세 등이며 자본적 지출로 경비처리를 하

고자 하는 경우에는 현금영수증, 세금계산서, 계산서를 제출하여야 한다.

3) 신고시 생략 가능한 서류

- 토지 · 건물 등기부등본, 토지 · 건축물대장 등본, 개별공시지가 확인원
  단, 양도소득세 계산시 폐쇄등기부 등본이 필요한 경우 납세자가 제출

2 신고 · 납부기한

1) 양도소득세 예정신고

(1) 부동산 양도

부동산을 양도한 경우에는 양도일이 속하는 달의 말일부터 2개월 이내에 주소지 관할 세무서에 예정신고 · 납부를 해야 한다.

만약 2월 3일이 대금을 청산한 양도일이라면, 4월 30일까지 양도소득세를 예정신고 · 납부해야 한다.

예정신고를 하지 않으면 납부할 세액의 20%인 무신고가산세와 1일 0.03%의 납부불성실가산세가 부과된다.

- 토지 또는 건물, 부동산에 관한 권리, 기타자산(특정주식 등)을 양도한 경우
  – 양도일이 속하는 달의 말일부터 2개월 이내

- 부담부증여(2017년 1월 1일 이후 부담부증여하는 분부터)
  - 증여일이 속하는 달의 말일부터 3개월 이내
- 토지거래계약 허가구역 안에 있는 토지로서 허가를 받기 전에 대금을 청산한 경우
  - 토지거래허가(해제)일이 속하는 달의 말일부터 2개월 이내

(2) 주식등 양도

주식등을 양도일이 속하는 반기의 말일부터 2개월 이내에 예정신고 · 납부를 해야 한다.

만약 주식 양도일이 2월 27일인 경우 8월 31일까지 양도소득세를 예정신고 · 납부를 해야 한다.

예정신고를 하지 않으면 납부할 세액의 20%인 무신고가산세와 1일 0.03%의 납부불성실가산세가 부과된다.

파생상품의 경우에는 예정신고의무가 없다.

2) 양도소득세 확정신고

당해 연도에 부동산 등을 여러 건 양도한 경우에는 그 다음해 5월 1일부터 5월 31일까지 주소지 관할 세무서에 확정신고를 해야 한다.

다만, 1건의 양도소득만 있는 자가 예정신고를 신고납부한 경우에는 확정신고를 하지 않아도 된다.

예정신고나 확정신고를 하지 않은 때에는 정부에서 결정 · 고지하게 되며, 신고 · 납부를 하지 않은 경우 무신고가산세 20%(또는 40%), 납부불성실가산세 1일 0.03%를 추가 부담해야 한다.

3) 양도소득세 세금납부

(1) 양도소득세

양도자의 주소지를 관할하는 세무서에 신고하고 납부서를 작성하여 은행 또는 우체국에 직접 납부하거나 세무서에서 신용카드 납부도 가능하다.

홈택스 등을 이용한 국세 전자납부도 할 수 있다.

(2) 지방소득세

지방소득세는 주민등록상의 주소지를 관할하는 시 · 군 · 구에 납부하는 지방세로서 주소지 시 · 군 · 구에서 계약한 수납대행은행 및 우체국에 납부한다.

4) 양도소득세 무신고시 불이익

- 신고의무 불이행에 따른 무신고와 무납부에 따른 가산세가 발생한다.
- 납부할 양도소득세액이 1,000만 원을 초과하는 경우에는 세액의 일부를 2개월 이내에 분납이 가능하나 무신고시 분납신청을 할 수 없다.
- 양도소득세는 신고확정세목으로 신고를 반드시 해야 하며, 이를 이행하지 않을 경우 추후 수정신고 또는 경정청구를 할 수 없다.
- 양도소득세 감면은 양도세 신고시 감면신청을 함께 해야 하나, 무신고로 인해 감면신청을 하지 않았으므로 감면이 배제되는 경우가 발생할 수 있다.

3 양도소득세 분할납부

부동산의 매매로 납부하게 되는 양도소득세 상당액이 큰 경우, 납세자의 세금 마련을 위한 자금압박이 심하게 되어 세부담의 이중고가 될 수 있음을 감안하여 세액이 1,000만 원을 초과하는 경우 분납신청을 통해 분할납부할 수 있다.

납부할 세액이 1,000만 원을 초과하는 경우, 납부할 세액의 일부를 납부기한 경과 후 2개월 이내에 나누어 낼 수 있다.

구 분	분납할 수 있는 세액
납부할 세액이 2,000만 원 이하일 경우	1,000만 원을 초과하는 세액
납부할 세액이 2,000만 원 초과할 경우	납부할 세액의 1/2 이하의 금액

저 · 자 · 소 · 개

▌김연주(金均注) 세무사

BCS Asset Consulting 대표세무사로 있다. 현재 서울지방국세청 국세심사위원을 역임하고 있으며, 서울시 마을세무사, 한국세무사회 고시회 이사, 삼일인포마인 칼럼위원, 한국중견기업연합회 회원사, 세종문화회관 후원회, WeStart 후원회 등으로 활동 중이다. 경희대학교 경영대학원 의료경영 MBA 교수, 강남구 지방세 감면위원, 강남세무서 납세자지원단, 한국세무사회 상담 및 감리위원, 중소기업청 경영자문위원, 중소기업이업종 서울연합회 위원, 민주평화통일자문위원 등을 역임하였다. 현재 서울지방청, 납세자지원단을 통해 다양한 상속 · 증여 · 양도의 세무상담과 재산세제 컨설팅을 제공하는 재산세제 전문세무사이다.
「상속 · 증여 · 양도세 이야기」, 「1세대 2주택자 부동산 세금에서 살아남기」, 「성공한 병원에는 그들만의 세무비법이 있다」, 「여성 세무사들과 함께 하는 세금가이드」를 출간하고, 「사장의 현금관리법」을 감수하였다.

▌임준찬(林埈鑽) 세무사

BCS Asset Consulting 대표세무사로 있다. 한국세무사회 상담위원, 감리위원, 상임위원 및 성북세무서 성실납세자문위원과 납세자지원단, 중소기업청 경영자문위원을 역임하였다. 현재 중소기업융합서울연합회 회원사, 성북구 세무상담위원, 성북구 상공회의소 감사, 중소기업이업종 서울연합회 융복합특별위원으로 활동 중이다. 건국대학교 토지개발 및 재개발 · 재건축 강의, 스피드뱅크 재개발 · 재건축 강의, Dream City 조세상담, 상공회의소 세법실무 강의 등 다양한 매체를 통해 상속 · 증여 · 양도 상담을 통해 절세대안을 컨설팅하는 재산세제 전문세무사이다.
「1세대 2주택자 부동산 세금에서 살아남기」, 「성공한 병원에는 그들만의 세무비법이 있다」 저서와 「사장의 현금관리법」을 감수하고 [Women Times] 세무칼럼을 연재하였다.

• homepage: www.bcs-tax.com • mobile: 010-4426-2838